JILPT　調査シリーズ　No.192
2019年10月

子どものいる世帯の生活状況および保護者の就業に関する調査2018
（第5回子育て世帯全国調査）

独立行政法人　労働政策研究・研修機構
The Japan Institute for Labour Policy and Training

まえがき

本調査は、日本全国から無作為に抽出される子育て世帯に対して、その生活状況と支援ニーズを総合的かつ継続的に調べるために設計されたものである。出現率の低い母子世帯と父子世帯の標本をより多く集めるために、ひとり親世帯とふたり親世帯について同数のサンプリング抽出（それぞれ 2,000 世帯）を行った。

本調査は、2011 年、2012 年、2014 年と 2016 年に行われた第 1 回～第 4 回「子どものいる世帯の生活状況および保護者の就業に関する調査」（略称：子育て世帯全国調査）に続く第 5 回調査である。調査対象、調査時期、標本設計および調査方法については、過去の調査と本調査は全く変わらない。

本調査シリーズを機に、子育て世帯を取り巻く現状とそのニーズに対して、社会から一層の関心と注目が喚起されることを願ってやまない。本調査シリーズが、関係者の方々のお役に少しでも立てれば幸いである。

最後にお忙しい中、本調査にご協力くださった保護者のみなさまに心より御礼を申し上げたい。

2019 年 10 月

独立行政法人 労働政策研究・研修機構
理事長　樋 口 美 雄

執筆担当者

氏名	所属
周（しゅう）　燕飛（えんび）	労働政策研究・研修機構主任研究員

「子育て世帯全国調査検討会」メンバー（執筆者以外、五十音順）

阿部　彩	首都大学東京人文社会学部教授
池田　心豪	労働政策研究・研修機構主任研究員
大石　亜希子	千葉大学法政経学部教授
何　芳	労働政策研究・研修機構研究員
中里　英樹	甲南大学文学部教授
西村　純子	お茶の水女子大学生活科学部准教授
御手洗　由佳	労働政策研究・研修機構アシスタント・フェロー
Raymo, James	プリンストン大学社会学部教授

目　次

付属資料

調査・結果の概要

Ⅰ　調査の目的と概要

1　調査の目的

「子どものいる世帯の生活状況および保護者の就業に関する調査2018」は、子どものいる世帯の生活状況やその保護者（主に母親）の仕事の実態や要望などを定点観測的に調査し、子育て中の女性の仕事に対する支援策のあり方を検討する基礎資料を得るため実施されたものである。

2　調査の概要

（1）調査方法

訪問留置回収法（※うち、54件は調査協力者本人のご希望により郵送回収）

（2）調査期間

2018年11月～12月

（3）標本設計

①　母集団：末子が18歳未満のふたり親世帯またはひとり親世帯
（いずれも核家族世帯に限らず、祖父母等親族との同居世帯を含む）

注1）総務省統計局「国勢調査」におけるふたり親世帯の区分：「18歳未満の親族のいる一般世帯」のうち、「夫婦と子供から成る世帯」、「夫婦，子供と両親から成る世帯」、「夫婦，子供とひとり親から成る世帯」、「夫婦，子供と他の親族（親を含まない）から成る世帯」、「夫婦，子供，親と他の親族から成る世帯」

注2）国勢調査におけるひとり親世帯区分：「18歳未満の親族のいる一般世帯」のうち、「男親と子供から成る世帯」、「女親と子供から成る世帯」、「他に分類されない親族世帯」

注3）厚生労働省「国民生活基礎調査」では「18歳未満の未婚の子ども」を、「全国ひとり親世帯等調査」では「20歳未満の未婚の子ども」を児童としているが、本調査では今後の国際比較も念頭に、米、独、仏等主要国に合わせ、「18歳未満の全ての子ども」を児童としている。

②　調査対象地域：全国

③　調査地点数：175

④　調査対象者数：ふたり親世帯2,000　ひとり親世帯2,000

⑤　調査対象抽出方法：住民基本台帳から層化二段無作為抽出

（4）回収状況

調査設計（名簿）ベースでの世帯類型別有効回答数（率）は表１－１の通りである。

表１－１　調査設計ベースでの有効回答数（率）

世帯類型	有効回答数（有効回答率）
世帯計	有効回答数 1,974票（有効回答率49.4%）
ふたり親世帯	有効回答数 1,096票（有効回答率54.8%）
ひとり親世帯	有効回答数 878票（有効回答率43.9%）

本人確認・回答状況等に基づいて入れ替えを行った後の世帯類型別有効回答数は表１－２の通りである。

表１－２　本人確認・回答状況等に基づく有効回答数

区分	票数
（１）ふたり親世帯	1,267 票
うち、母親回答	1,218 票
父親回答	49 票
（２）ひとり親世帯	707 票
うち、母子世帯	653 票
父子世帯	54 票
（３）その他世帯	0 票

注：(1) 原則として、ふたり親世帯の場合は、母親が調査票に回答するよう依頼している。
(2) 本調査においては、離婚に向けて手続きが進んでいる場合は、「ひとり親世帯」として、単身赴任などで一時的に別居や事実婚の場合は、「ふたり親世帯」としている。

調査設計ベースでは、世帯類型（ふたり親世帯/ひとり親世帯）が、住民基本台帳に記載されている氏名、性別、生年月、住所情報から推測される。1,974 有効回答票のうち、調査設計ベースでの世帯類型と実際の世帯類型が一致するのは、1,770 票（89.7%）である。一方、調査設計ベースでの世帯類型と実際の世帯類型が一致しないのは、204 票（10.3%）である。

そのうち、名簿上はふたり親世帯であったが、実際にはひとり親世帯だったのは 27 票である。一方、名簿上はひとり親世帯であったが実際には、片親が単身赴任等でふたり親世帯だったのは 63 票である。

【世帯類型変更（204 票）の理由】

- ○　単身赴任等でふたり親だった　63 票
- ○　離婚・離婚協議中等でひとり親に変更　27 票
- ○　実査時、実査後の状況確認で属性を変更　114 票

Ⅱ　標本抽出方法の詳細

調査対象世帯（標本）は、層化二段無作為抽出法によって抽出されている。「層化二段無作為抽出法」とは、行政単位と地域によって全国をブロックごとに分類し（層化）、各層に調査地点を人口に応じて比例配分し、国勢調査における調査区域及び住民基本台帳を利用して（二段）、地点ごとに一定数の標本抽出を行う方法である。具体的な手順は、下記の通りである。

1　層化

全国の市町村を、都道府県を単位として次のように、東京都区部、指定都市および 11 の地区に分類する。

◎東京都区部

◎20 の政令指定都市（都市ごとに分類）

◎北海道地区＝北海道

◎東北地区＝青森県、岩手県、宮城県、秋田県、山形県、福島県

◎関東地区＝茨城県、栃木県、群馬県、埼玉県、千葉県、東京都、神奈川県

◎北陸地区＝新潟県、富山県、石川県、福井県

◎東山地区＝山梨県、長野県、岐阜県

◎東海地区＝静岡県、愛知県、三重県

◎近畿地区＝滋賀県、京都府、大阪府、兵庫県、奈良県、和歌山県

◎中国地区＝鳥取県、島根県、岡山県、広島県、山口県

◎四国地区＝愛媛県、香川県、高知県、徳島県

◎北九州地区＝福岡県、佐賀県、長崎県、大分県

◎南九州・沖縄地区＝熊本県、宮崎県、鹿児島県、沖縄県

11 の地区においては、さらに市郡規模によって次のように 4 分類し、層化する。

○人口 20 万人以上の市

○人口 10 万人以上 20 万人未満の市

○人口 10 万人未満の市

○町村

上記の「層化」により、全国を総計 65（=1+20＋11×4）の抽出単位地域（ブロック）に区分する。

2　標本数の配分

各抽出単位地域（ブロック）におけるそれぞれの世帯類型の大きさにより 4,000 の標本を比例配分する。ただし、母集団の分布を算出する際に、平成 27(2015) 年国勢調査（世帯の家族類型 22 区分、（再掲 Recount）18 歳未満親族のいる一般世帯）の市区町村別数値がベースとなっている。

3　抽出

① 平成 27(2015) 年国勢調査時に設定された調査区の基本単位区を、第 1 段目の抽出単位として、使用する。

② 「国勢調査」データから比例配分された世帯数を 1 調査地点で調査する世帯数（20～30 程度、ひとり親世帯とふたり親世帯が半々ずつ）で割って抽出すべき調査地点数を求

める。その上で、層（ブロック）ごとに

$$抽出間隔 = \frac{（層における国勢調査時のひとり親またはふたり親世帯数）}{層で算出された調査地点数}$$

を算出し、等間隔抽出法によって該当番目が含まれる基本単位区を抽出し、抽出の起点とする。

③　抽出に際しての各層内における市区町村の配列順序は、総務省設定の市区町村コードに従う。

④　調査地点における対象世帯の抽出は、住民基本台帳により、抽出の起点から系統抽出法によって抽出する。なお、世帯類型（ふたり親世帯/ひとり親世帯）が、住民基本台帳に記載されている氏名、性別、生年月、住所情報から推測される。

4　クォータ法抽出の調査地点について

上記の方法を用いて全国から175の調査地点を無作為に抽出したところ、下記の2地点については台帳抽出を行わず、当該地点で性・年代を指定した対象世帯を探し出して調査依頼をする、いわゆる「割当法（クォータ法）」を用いて標本抽出を行っている。住民基本台帳から抽出できなかった理由は、表２－１に記載の通りである。

表２－１　クォータ法抽出の調査地点

	地区	都市規模	都道府県	市区町村	理由
1	北陸地区	政令指定都市	新潟県	新潟市東区	公用調査と認められない
2	近畿地区	人口20万以上	兵庫県	加古川市	公用調査と認められない

なお、前回調査では、「台帳の並び順が世帯単位ではない」ことを理由にクォータ法抽出を行った札幌市と熊本市の調査地点については、今回は台帳抽出を行った。札幌市（３地点）と熊本市（１地点）の台帳は、町丁内の住所の近い者同士が一緒に並べられているため、調査員が苗字、性別、生年月、住所情報から同一世帯同士かどうか、ひとり親世帯かふたり親世帯かを推測することができた。

クォータ法の具体的な実施手順は、下記の通りとなっている。

①　抽出された各調査地点で、母集団比率に応じて対象世帯を性・年代ごとに割当てる。

↓

②　地点の起点となる大字町丁目と、起点地点で調査完了できなかった場合の次候補地点を隣接地域から５つまで指定し、地点の拡大順と拡大範囲を定める。

↓

③　調査員は、起点地点内で指示された起点番地から訪問し、原則として「世帯間隔３」（ひとり親世帯は全数）で世帯訪問し、割当て及び対象者条件に適合する対象世帯を、全割当数が完了するまで探して調査を実施する。

Ⅲ　本調査シリーズの位置づけ

本調査は、2011 年、2012 年、2014 年と 2016 年に行われた第１回～第４回「子どものいる世帯の生活状況および保護者の就業に関する調査」（略称：子育て世帯全国調査）に続く第５回調査である[1]。

調査対象、調査時期、標本設計および調査方法については、過去の４回調査と本調査は全く変わらない。また、本調査の調査票の質問項目は、第２～４回調査とおおむね同じである。

なお、本調査シリーズは、調査速報的な性格を持っている。今後、調査結果をさらに精査して、個別テーマでの詳細な分析を行い、労働政策研究報告書としてとりまとめることとしている。

Ⅳ　集計方法と標本の代表性[2]

1　集計方法と利用上の注意

「子育て世帯全国調査」における抽出単位地域（ブロック）、世帯類型ごとの母集団数および有効回答数は、表４－１のとおりである。

母子世帯、父子世帯、ふたり親世帯の数値は、いずれも単純集計の結果である。世帯類型ごとの集計値を示すことで、ひとり親世帯のオーバーサンプリングを補正する必要がなくなった。また、今回の調査は、過去回調査と同様に高い回収率が確保されており、調査サンプルにも明らかな偏りが見られないため、地域ブロックごとの有効回収率の違いを補正する必要性が低いと判断した。

そのため、本調査シリーズは、第３回（JILPT 調査シリーズ No.145）と第４回（JILPT 調査シリーズ No.175）のようなウエイトバック集計を行っておらず、集計値の解釈と利用がしやすい単純集計の結果を公表することにした。

なお、集計結果を利用するにあたっては、以下のことに留意されたい。

(1)「Ⅴ　主な調査結果」の集計値は、特に言及しない限り、「不詳」を含む集計結果となっている。「不詳」を含まない以前の調査シリーズの集計結果とは異なる場合がある。

(2) 今回の単純集計値は、地域ブロックごとの有効回収率の違いを補正した第３回と第４回の速報値とはわずかにズレが生じる場合がある。

(3) 構成比の数値は、四捨五入の関係で、総計と内訳の合計が一致しないことがある。

(4) 父子世帯の調査対象が少ない（標本サイズが 100 未満である）ため利用上注意を要する。

---

[1] 第１回、第２回、第３回と第４回の調査結果については、JILPT 調査シリーズ No.95、No.109、No.145 と No.175 をご参照ください。

[2] 以下は速報値であり、今後、数値の修正等の変更がありうる。

表４－１　世帯類型・ブロック別母集団数と有効回答数

抽出単位地域－ブロック		第5回(2018)子育て世帯全国調査				第4回(2016)子育て世帯全国調査			
		ふたり親世帯		ひとり親世帯		ふたり親		ひとり親	
		母集団数	有効回答数	母集団数	有効回答数	母集団数	有効回答数	母集団数	有効回答数
政令指定都市-	札幌市	136,037	13	30,254	15	137,853	15	32,088	24
政令指定都市-	宮城県仙台市	83,298	11	12,086	3	85,461	11	14,218	7
政令指定都市-	埼玉県さいたま市	111,177	10	11,465	4	110,659	12	12,020	6
政令指定都市-	千葉県千葉市	81,237	7	10,323	6	80,710	13	9,452	5
	東京都23区	667,478	67	93,488	24	616,372	72	92,817	31
政令指定都市-	神奈川県横浜市	316,834	28	36,599	13	319,112	39	38,130	17
政令指定都市-	神奈川県川崎市	124,994	12	12,274	4	123,286	12	13,097	8
政令指定都市-	神奈川県相模原市	57,773	5	7,679	6	60,323	5	7,940	5
政令指定都市-	新潟県新潟市	63,462	7	8,189	4	65,817	7	8,799	7
政令指定都市-	静岡県静岡市	54,702	9	7,272	2	57,879	11	7,466	6
政令指定都市-	静岡県浜松市	67,982	9	7,703	6	70,114	9	7,705	3
政令指定都市-	愛知県名古屋市	179,271	20	26,191	12	179,815	19	28,109	13
政令指定都市-	京都府京都市	101,243	10	17,567	5	103,640	10	18,602	2
政令指定都市-	大阪府大阪市	172,145	14	38,473	11	180,095	18	40,146	13
政令指定都市-	大阪府堺市	68,083	9	11,684	1	69,397	10	12,588	3
政令指定都市-	兵庫県神戸市	115,382	10	18,427	2	119,379	11	20,201	5
政令指定都市-	岡山県岡山市	58,304	13	9,021	4	59,130	8	9,428	4
政令指定都市-	広島県広島市	101,608	11	15,474	5	101,936	14	15,559	11
政令指定都市-	福岡県北九州市	69,530	13	13,752	10	72,949	10	14,941	14
政令指定都市-	福岡県福岡市	118,956	19	22,034	7	113,788	9	21,504	8
政令指定都市-	熊本県熊本市	59,775	13	11,467	0	61,203	8	11,661	10
北海道地区－	人口20万以上	37,923	6	10,045	11	41,488	6	11,347	8
	人口10万以上	59,434	6	14,390	6	65,743	10	15,652	14
	人口10万未満	65,091	10	13,288	12	73,631	13	14,674	10
	町村	66,079	7	11,571	7	76,164	12	12,612	11
東北地区－	人口20万以上	177,722	34	30,069	22	195,967	35	33,859	21
	人口10万以上	76,533	8	12,205	6	86,048	14	13,476	10
	人口10万未満	209,084	26	30,461	27	239,294	29	33,167	11
	町村	112,558	14	14,590	9	135,608	24	16,581	11
関東地区	人口20万以上	836,831	104	104,903	47	839,339	100	107,471	50
	人口10万以上	631,674	70	79,010	34	650,992	88	81,756	34
	人口10万未満	437,545	60	57,164	28	490,362	64	62,747	30
	町村	138,794	20	17,388	4	156,185	25	18,220	14
北陸地区－	人口20万以上	114,397	19	14,154	6	119,282	13	14,582	14
	人口10万以上	47,540	9	5,146	4	59,400	9	6,362	3
	人口10万未満	159,156	23	17,221	11	167,242	26	17,758	12
	町村	31,017	6	2,990	2	35,059	7	3,221	1
東山地区－	人口20万以上	83,834	10	10,704	4	88,688	16	11,631	5
	人口10万以上	70,271	8	9,259	5	75,105	13	9,698	6
	人口10万未満	178,700	32	21,481	15	195,002	19	22,065	11
	町村	66,548	9	7,095	3	73,343	9	7,309	1
東海地区－	人口20万以上	235,910	27	28,348	14	245,516	30	28,581	12
	人口10万以上	253,582	38	30,442	8	265,180	33	30,754	15
	人口10万未満	227,283	28	25,239	13	238,746	41	25,984	17
	町村	72,615	8	7,965	5	76,193	16	7,867	2
近畿地区－	人口20万以上	500,976	64	74,244	32	511,695	63	78,394	31
	人口10万以上	241,058	31	35,927	17	247,730	31	37,010	14
	人口10万未満	321,301	36	44,652	20	354,692	34	47,551	16
	町村	87,013	16	11,387	4	95,850	12	11,529	3
中国地区－	人口20万以上	125,734	22	20,261	15	132,022	23	21,343	10
	人口10万以上	140,916	22	21,686	16	148,337	23	22,650	18
	人口10万未満	101,030	12	15,079	14	112,310	17	15,833	9
	町村	39,346	8	5,121	2	43,142	4	5,446	4
四国地区－	人口20万以上	115,283	14	21,536	12	121,861	21	23,788	16
	人口10万以上	37,783	7	6,554	7	40,611	9	6,890	4
	人口10万未満	82,380	14	13,688	13	92,352	19	14,889	9
	町村	40,493	4	6,491	6	45,187	7	7,036	7
北九州地区－	人口20万以上	130,363	20	23,297	17	135,952	22	25,903	25
	人口10万以上	63,363	3	12,131	2	66,908	9	12,785	6
	人口10万未満	181,825	30	29,711	28	196,443	33	31,272	26
	町村	80,531	11	13,650	8	84,171	12	13,772	9
南九州・沖縄地区－	人口20万以上	104,154	16	22,305	16	109,282	17	23,815	16
	人口10万以上	81,596	13	18,942	13	86,481	11	18,838	8
	人口10万未満	137,215	18	27,271	14	148,280	22	28,005	11
	町村	78,930	14	14,645	4	83,947	16	14,730	12
全国計		9,890,682	1,267	1,435,128	707	10,335,748	1,380	1,505,324	779

（続き）

抽出単位地域－ブロック		第3回(2014)子育て世帯全国調査				第2回(2012)子育て世帯全国調査				第1回(2011)子育て世帯全国調査※			
		ふたり親世帯		ひとり親世帯		ふたり親世帯		ひとり親世帯		ふたり親世帯		ひとり親世帯	
		母集団数	有効回答数	母集団数	有効回答数	母集団数	有効回答数	母集団数	有効回答数	母集団数	有効回答数	母集団数	有効回答数
政令指定都市-	札幌市	137,853	21	32,088	16	137,853	18	32,088	22	147,343	24	30,207	14
政令指定都市-	宮城県仙台市	85,461	10	14,218	3	85,461	18	14,218	5	89,174	14	12,636	10
政令指定都市-	埼玉県さいたま市	110,659	16	12,020	7	110,659	19	12,020	4	111,839	14	10,694	7
政令指定都市-	千葉県千葉市	80,710	16	9,452	13	80,710	8	9,452	6	82,993	12	9,580	3
	東京都23区	616,372	63	92,817	37	616,372	79	92,817	47	589,453	77	83,908	28
政令指定都市-	神奈川県横浜市	319,112	32	38,130	20	319,112	37	38,130	19	319,066	33	32,948	15
政令指定都市-	神奈川県川崎市	123,286	15	13,097	10	123,286	19	13,097	3	114,746	19	11,524	1
政令指定都市-	神奈川県相模原市	60,323	2	7,940	1	60,323	2	7,940	0	62,565	8	7,228	4
政令指定都市-	新潟県新潟市	65,817	12	8,799	5	65,817	8	8,799	6	69,692	7	8,631	7
政令指定都市-	静岡県静岡市	57,879	5	7,466	5	57,879	8	7,466	6	61,557	9	7,198	6
政令指定都市-	静岡県浜松市	70,114	10	7,705	5	70,114	11	7,705	2	74,039	9	7,133	4
政令指定都市-	愛知県名古屋市	179,815	25	28,109	14	179,815	21	28,109	12	184,043	20	25,281	5
政令指定都市-	京都府京都市	103,640	14	18,602	3	103,640	11	18,602	7	109,366	6	17,013	6
政令指定都市-	大阪府大阪市	180,095	20	40,146	17	180,095	32	40,146	15	186,289	17	38,308	18
政令指定都市-	大阪府堺市	69,397	12	12,588	4	69,397	13	12,588	6	70,525	9	11,222	7
政令指定都市-	兵庫県神戸市	119,379	4	20,201	6	119,379	15	20,201	14	124,819	16	19,301	9
政令指定都市-	岡山県岡山市	59,130	8	9,428	7	59,130	12	9,428	9	60,497	9	8,576	8
政令指定都市-	広島県広島市	101,936	24	15,559	8	101,936	20	15,559	7	104,053	16	14,336	8
政令指定都市-	福岡県北九州市	72,949	6	14,941	8	72,949	11	14,941	11	77,883	11	14,767	14
政令指定都市-	福岡県福岡市	113,788	18	21,504	10	113,788	18	21,504	9	113,418	9	20,354	5
政令指定都市-	熊本県熊本市	61,203	12	11,661	4	61,203	7	11,661	6				
北海道地区－	人口20万以上	41,488	6	11,347	4	41,488	9	11,347	4	47,173	9	11,981	5
	人口10万以上	65,743	11	15,652	11	65,743	5	15,652	3	74,561	9	15,794	13
	人口10万未満	73,631	9	14,674	13	73,631	7	14,674	5	82,278	14	14,943	9
	町村	76,164	12	12,612	2	76,164	12	12,612	8	89,374	6	12,670	3
東北地区－	人口20万以上	195,967	33	33,859	16	195,967	36	33,859	16	216,778	32	32,516	30
	人口10万以上	93,919	15	14,561	10	93,919	14	14,561	13	114,367	23	14,729	15
	人口10万未満	226,428	37	31,448	24	226,428	30	31,448	9	249,447	34	29,947	13
	町村	140,603	22	17,215	9	140,603	19	17,215	3	163,708	20	17,145	16
関東地区	人口20万以上	856,086	99	109,634	43	856,086	112	109,634	39	847,751	111	96,320	49
	人口10万以上	641,489	75	80,503	34	641,489	86	80,503	41	681,141	84	75,775	46
	人口10万未満	473,063	60	60,817	29	473,063	60	60,817	32	514,692	67	57,849	34
	町村	166,240	22	19,240	10	166,240	19	19,240	8	186,410	26	18,094	8
北陸地区－	人口20万以上	136,282	21	16,479	9	136,282	20	16,479	7	144,168	18	15,374	10
	人口10万以上	50,413	10	5,381	4	50,413	10	5,381	4	54,392	10	5,288	5
	人口10万未満	159,229	23	16,842	15	159,229	32	16,842	8	170,640	27	15,460	10
	町村	35,059	5	3,221	4	35,059	4	3,221	3	43,528	8	3,613	3
東山地区－	人口20万以上	88,688	17	11,631	4	88,688	9	11,631	7	92,918	8	10,848	9
	人口10万以上	75,105	10	9,698	9	75,105	11	9,698	3	80,283	13	9,097	2
	人口10万未満	195,002	29	22,065	14	195,002	27	22,065	13	211,761	31	20,177	13
	町村	73,343	10	7,309	6	73,343	8	7,309	3	80,837	5	6,683	3
東海地区－	人口20万以上	261,754	38	31,028	17	261,754	44	31,028	12	270,342	31	28,228	20
	人口10万以上	257,448	42	29,113	11	257,448	44	29,113	10	277,020	39	28,155	15
	人口10万未満	230,240	32	25,178	25	230,240	39	25,178	12	223,856	34	21,681	15
	町村	76,193	14	7,867	2	76,193	3	7,867	0	83,613	10	7,506	6
近畿地区－	人口20万以上	528,995	57	81,595	34	528,995	76	81,595	37	555,352	73	77,577	46
	人口10万以上	239,238	39	35,262	24	239,238	38	35,262	18	251,917	27	31,882	14
	人口10万未満	345,884	38	46,098	20	345,884	45	46,098	26	373,094	45	42,235	27
	町村	95,850	9	11,529	3	95,850	14	11,529	8	106,927	12	10,777	6
中国地区－	人口20万以上	132,022	23	21,343	9	132,022	23	21,343	16	122,007	19	18,714	11
	人口10万以上	148,337	25	22,650	8	148,337	33	22,650	6	182,136	29	25,349	15
	人口10万未満	112,310	15	15,833	6	112,310	26	15,833	9	118,205	15	14,498	12
	町村	43,142	7	5,446	4	43,142	7	5,446	4	52,477	13	5,562	4
四国地区－	人口20万以上	121,861	16	23,788	12	121,861	22	23,788	14	130,429	8	23,037	5
	人口10万以上	40,611	7	6,890	3	40,611	13	6,890	4	43,564	6	6,648	2
	人口10万未満	92,352	13	14,889	12	92,352	29	14,889	16	104,924	16	14,556	9
	町村	45,187	6	7,036	4	45,187	18	7,036	7	52,022	9	6,889	5
北九州地区－	人口20万以上	135,952	27	25,903	18	135,952	19	25,903	11	147,285	20	25,726	15
	人口10万以上	75,183	9	14,083	4	75,183	5	14,083	0	82,237	9	13,737	6
	人口10万未満	188,168	41	29,974	18	188,168	17	29,974	5	207,144	29	28,875	25
	町村	84,171	15	13,772	10	84,171	10	13,772	2	90,139	9	13,405	10
南九州・沖縄地区－	人口20万以上	109,282	18	23,815	18	109,282	20	23,815	6	179,213	38	34,413	8
	人口10万以上	86,481	14	18,838	16	86,481	14	18,838	6	101,537	11	19,788	6
	人口10万未満	148,280	27	28,005	16	148,280	18	28,005	14	155,875	22	26,611	16
	町村	83,947	13	14,730	14	83,947	14	14,730	5	91,931	17	14,394	10
全国計		10,335,748	1,416	1,505,324	781	10,335,748	1,508	1,505,324	693	10,902,813	1,435	1,415,391	783

※2011 年の有効回答数は、都市規模変数(kibo)のコーディングミスを修正後の数値である。

注：母集団数の準拠は、2011 年調査が 2005 年国勢調査、2012-2016 年調査が 2010 年国勢調査、2018 年調査が 2015 年国勢調査となっている。

2　標本の代表性

表４－２は、世帯と保護者の基本属性について、厚生労働省が行った２つの全国調査－「国民生活基礎調査」、「全国ひとり親世帯等調査」－との比較である。

世帯人員数、親（子どもの祖父母）との同居率、保護者の平均年齢、最終学歴等の基本属性について、本調査の平均値は、他の２つの全国調査とほとんど変わらないことが分かる。

なお、ひとり親世帯に占める父子世帯の割合は、本調査では7.6%となっており、厚生労働省「全国ひとり親世帯等調査」(16.4%)の半分程度に留まっている。本調査では父子世帯の出現率は低く、サンプルサイズも小さいため、集計値が大きくぶれる可能性がある。そのため、父子世帯の集計結果は注意して利用されることが望まれる。また、本調査では、母子世帯の母親の有業率、就業所得はやや高めになっていることも留意されたい。

表４－２a　基本属性－母子世帯・父子世帯

	母子世帯						父子世帯＊					
	子育て世帯全国調査					全国ひとり親世帯等調査2016	子育て世帯全国調査					全国ひとり親世帯等調査2016
	第1回(2011)	第2回(2012)	第3回(2014)	第4回(2016)	第5回(2018)		第1回(2011)	第2回(2012)	第3回(2014)	第4回(2016)	第5回(2018)	
世帯人員（人）	3.6	3.4	3.3	3.3	3.2	3.3	3.9	3.8	3.4	3.5	3.7	3.7
子ども数（人）	1.8	1.8	1.9	1.9	1.9	1.5	1.9	1.9	1.8	2.0	2.0	1.5
末子の年齢（歳）	10.2	10.4	10.2	10.3	9.9	11.3	10.7	11.4	11.8	10.8	11.0	12.8
親との同居率	40.7%	32.0%	32.4%	34.2%	29.1%	27.7%	59.2%	56.3%	40.4%	46.8%	39.6%	44.2%
本人または配偶者名義の持家比率	18.1%	21.1%	16.0%	19.9%	15.2%	15.2%	50.6%	44.4%	45.7%	42.2%	31.5%	49.4%
母（父）親の有業率	84.0%	85.7%	88.9%	87.0%	89.6%	81.8%	95.2%	96.9%	90.6%	92.9%	92.6%	85.1%
母（父）親の就業状況												
－無業	16.0%	14.3%	11.1%	13.0%	10.4%	9.4%	4.8%	3.1%	9.4%	7.1%	7.4%	5.4%
－正社員	33.5%	31.4%	38.7%	37.2%	43.0%	36.2%	81.0%	64.6%	69.8%	75.3%	70.4%	58.2%
－パート・アルバイト	33.6%	34.5%	33.7%	31.4%	29.7%	35.8%	1.2%	3.1%	1.9%	4.7%	1.9%	5.4%
－派遣・契約社員等	16.9%	19.8%	16.5%	18.4%	16.8%	18.6%	13.1%	29.2%	18.9%	12.9%	20.4%	31.0%
母（父）親の年齢（歳）	39.6	40.1	40.1	40.6	40.7	41.1	44.0	43.7	43.5	44.1	42.8	45.7
母（父）親の最終学歴												
－中学校	8.6%	12.7%	10.8%	12.3%	11.3%	11.5%	3.9%	15.0%	13.3%	12.5%	6.4%	13.2%
－高校	48.3%	46.7%	44.9%	45.1%	44.9%	44.8%	50.6%	45.0%	44.4%	46.3%	53.2%	48.9%
－短大・高専・専修学校他	34.1%	33.6%	34.0%	32.9%	35.9%	34.5%	15.6%	13.3%	13.3%	11.3%	19.1%	18.6%
－大学・大学院	9.0%	7.0%	10.3%	9.7%	8.0%	9.1%	29.9%	26.7%	28.9%	30.0%	21.3%	19.4%
世帯所得（税込、万円）	293.7	321.8	322.2	316.8	299.9	348.0	549.9	555.4	464.8	505.8	623.5	573.0
母(父)親の就業所得(万円)	172.6	194.6	225.7	215.8	234.2	200.0	423.1	436.2	394.5	445.6	524.7	420.0
有効回答数	699	621	724	693	653	2,060	84	65	53	86	54	405

表4－2b　基本属性－ふたり親世帯

	ふたり親世帯					世帯全体
	子育て世帯全国調査					国民生活基礎調査2016
	第1回 (2011)	第2回 (2012)	第3回 (2014)	第4回 (2016)	第5回 (2018)	
世帯人員（人）	4.5	4.3	4.3	4.2	4.2	4.0
子ども数（人）	2.1	2.1	2.1	2.1	2.1	1.7
末子の年齢（歳）	7.6	7.9	7.5	7.3	7.7	N.A.
親との同居率	25.2%	19.6%	22.9%	16.6%	17.1%	14.7%※
本人または配偶者名義の持家比率	57.9%	56.6%	58.1%	62.0%	60.6%	N.A.
母親の有業率	61.2%	67.2%	69.7%	70.2%	73.1%	67.2%※
母親の就業状況－無業	38.8%	32.8%	30.3%	29.8%	26.9%	32.8%※
－正社員	17.6%	21.9%	20.0%	23.2%	23.5%	21.9%※
－パート・アルバイト	29.6%	31.3%	34.2%	34.5%	36.0%	31.1%※
－派遣・契約社員等	14.0%	14.0%	15.4%	12.5%	13.5%	14.2%※
母親の年齢（歳）	39.5	40.1	40.1	40.5	40.9	N.A.
母親の最終学歴-中学校	4.6%	3.7%	3.3%	2.5%	3.1%	N.A.
-高校	38.2%	37.7%	33.5%	33.0%	29.2%	N.A.
-短大・高専・専修学校他	39.7%	41.1%	42.4%	41.2%	41.8%	N.A.
-大学・大学院	17.5%	17.4%	20.7%	23.2%	25.9%	N.A.
世帯所得（税込、万円）	624.7	671.6	697.3	721.6	734.7	707.8
母親の就業所得(万円)	115.8	134.0	119.1	138.6	141.5	N.A.
有効回答数	1,435	1,508	1,416	1,380	1,267	－

注：(1) 単純集計値である。復元倍率によるウエイトバック集計を行っているJILPT調査シリーズNo.145、No.175の速報値と異なる場合がある。
(2) パーセンテージは、不詳を除いた構成比である。
(3) 母親の有業率、就業状況、年齢、最終学歴および就業所得は、父親回答の標本（N=49）を除いた集計値である。
(4) 国民生活基礎調査の数値は、18歳未満の児童のいる世帯全体（ひとり親世帯を含む）についてのものである。ただし、「親との同居率」は児童のいる世帯のうち三世代世帯の割合を引用している。そのうち、※のある数値は、「平成28(2016)年国民生活基礎調査」の公表値を元に筆者が算出したものである。

Ⅴ　主な調査結果

1　家族構造

（1）世帯人員―徐々に減少

ふたり親世帯の平均世帯人員は、4.2 人となっている。一方、母子世帯の平均世帯人員は 3.2 人となっており、父子世帯の 3.7 人より少なくなっている（表５－１－１）。

平均世帯人員は、第１回(2011) 調査に比べて、母子世帯では 0.4 人、父子世帯では 0.2 人、ふたり親世帯では 0.3 人減少している（図５－１－１）。

表５－１－１　世帯人員

	N	2人	3人	4人	5人	6人以上	不詳	合計	平均（人）	標準偏差
母子世帯	653	22.4	39.1	21.4	8.1	1.5	7.5	100.0	3.22	0.98
父子世帯	54	7.4	40.7	22.2	11.1	3.7	14.8	100.0	3.67	1.37
ふたり親世帯	1,267	0.6	18.7	47.2	21.4	8.1	4.1	100.0	4.21	0.93

注：N（標本数）、平均値と標準偏差は実数である。それ以外の数値は、全て構成比のパーセンテージである。以下同。

図５－１－１　平均世帯人員の推移（単位：人）

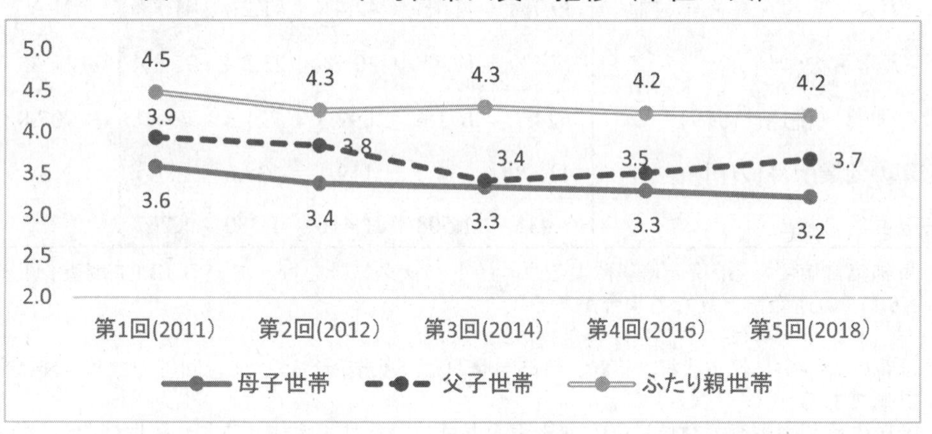

（２）子どもの数―母子世帯では逆に増えている

ふたり親世帯の平均子ども数は、2.1 人である。その内訳をみると、「２人」52.3%、「３人」21.5%、「１人」21.2%となっており、子ども数が３人以下の世帯が全体の 95.0%を占めている（表５－１－２）。一方、母子世帯と父子世帯の平均子ども数は、それぞれ 1.9 人と 2.0 人となっている。そのうち、「２人」と答えた母子/父子世帯がもっとも多く、全体の４～５割程度を占めている。

平均子ども数は、ふたり親世帯には目立った変化は見られないが、母子世帯は第１回(2011)調査をわずかながら上回っている（図５－１－２a)。また、子どもが３人以上の多子世帯の割合は、ふたり親世帯が 25.1%で第１回(2011)調査より２ポイント減少しているが、母子世帯が 22.8%で３ポイント増えている（図５－１－２b)。

表５－１－２　子どもの数

	N	1人	2人	3人	4人	5人以上	不詳	合計	（再掲）3人以上	平均（人）	標準偏差
母子世帯	653	34.8	41.2	18.1	4.1	0.6	1.2	100.0	22.8	1.94	0.89
父子世帯	54	25.9	51.9	14.8	5.6	0.0	1.9	100.0	20.4	2.00	0.81
ふたり親世帯	1,267	21.2	52.3	21.5	2.9	0.7	1.4	100.0	25.1	2.09	0.79

図５－１－２a　平均子ども数の推移（単位：人）

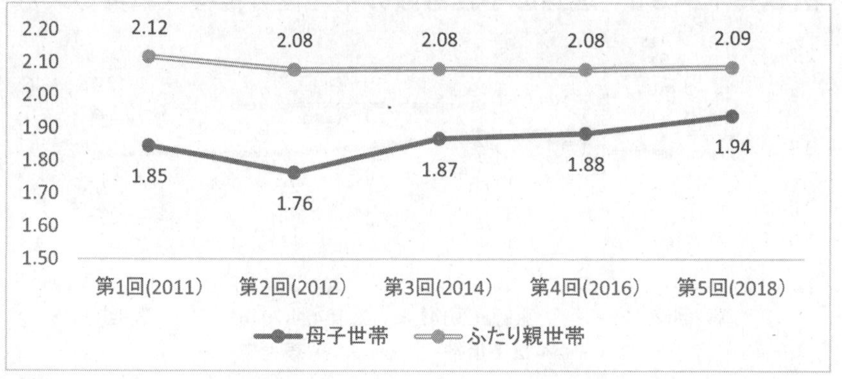

図５－１－２b　子どもが３人以上の多子世帯の割合の推移（%）

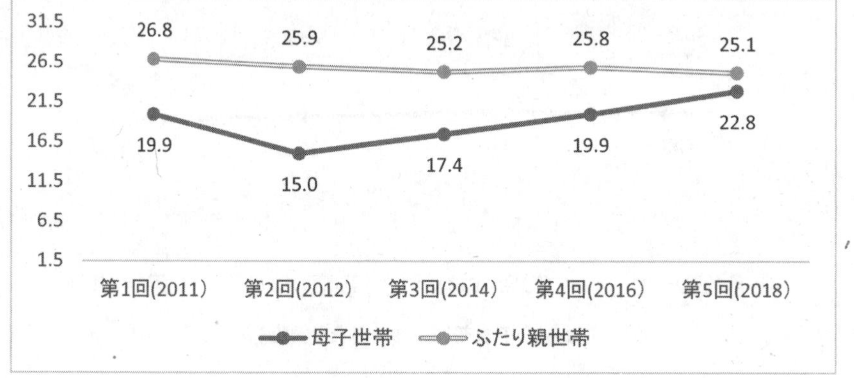

（３）理想の子ども数―「３人以上」が引き続き減少

ふたり親世帯の理想の子ども数は、平均 2.5 人であり、実際の平均子ども数(2.1 人)より 0.4 人多い。その内訳をみると、「２人」50.3%、「３人以上」42.4%、「１人」4.1%となっている。「３人以上」が理想の子ども数とするふたり世帯の親の割合は、実際の多子世帯の割合（25.1%）より 17 ポイント高い。一方、母子世帯と父子世帯の理想の子ども数平均は、それぞれ 2.3 人と 2.2 人となっている。そのうち、「２人」と答えた母子／父子世帯が全体の半数弱を占めている（表５－１－３）。

理想の子ども数平均は、母子世帯がほぼ変わらないが、ふたり親世帯は第２回(2012)調査より 0.1 人減少している（図５－１－３a)。第２回(2012)調査に比べて、「３人以上」が理想の子ども数とする世帯の割合は、母子世帯とふたり親世帯がそれぞれ２ポイントと７ポイント減少している（図５－１－３b)。

表５－１－３　理想の子ども数

	N	1人	2人	3人	4人	5人以上	不詳	合計	（再掲）3人以上	平均（人）	標準偏差
母子世帯	653	13.9	47.3	27.0	4.4	1.4	6.0	100.0	32.8	2.27	0.84
父子世帯	54	13.0	48.2	22.2	5.6	0.0	11.1	100.0	27.8	2.23	0.78
ふたり親世帯	1,267	4.1	50.3	38.6	2.5	1.3	3.2	100.0	42.4	2.45	0.71

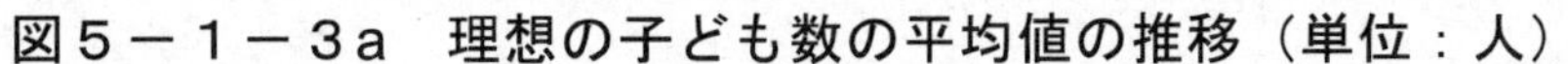
図５－１－３a　理想の子ども数の平均値の推移（単位：人）

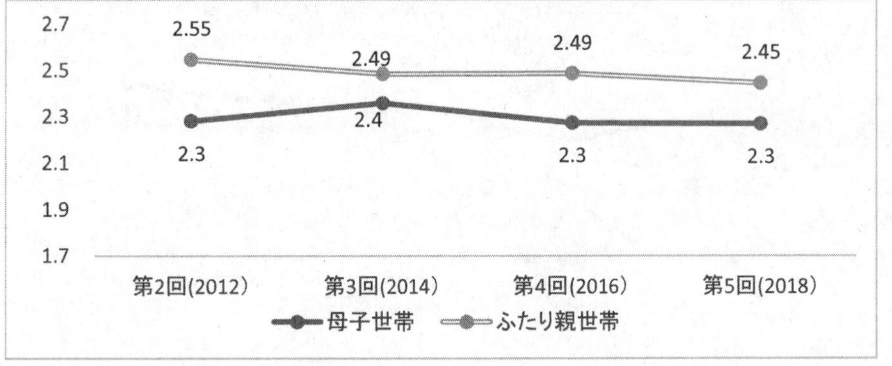

図５－１－３b　理想の子ども数が３人以上とする世帯の割合の推移（%）

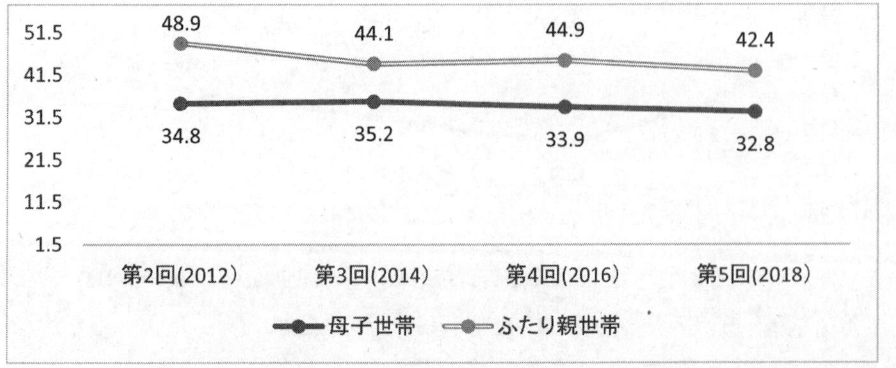

（4）末子の年齢―目立った変化がない

末子の平均年齢について、ふたり親世帯は7.7歳であるのに対して、母子世帯は9.9歳、父子世帯は11.0歳となっており、ひとり親世帯の子どもの平均年齢が比較的高い（表５－１－４）。

末子の平均年齢は、いずれの世帯類型においても目立った変化は見られない（図５－１－４a）。末子が６歳未満の世帯の割合は、ふたり親世帯が 37.0%で第１回(2011)調査より２ポイント減少しているが、母子世帯は17.2%でほとんど変わらなかった（図５－１－４b）。

表５－１－４　末子の年齢

	N	0-2歳	3-5歳	6-11歳	12-14歳	15-17歳	不詳	合計	（再掲）6歳未満	平均（歳）	標準偏差
母子世帯	653	6.3	10.9	36.0	17.0	18.2	11.6	100.0	17.2	9.88	4.71
父子世帯	54	3.7	11.1	24.1	16.7	24.1	20.4	100.0	14.8	10.95	4.80
ふたり親世帯	1,267	21.9	15.2	26.8	12.8	13.2	10.3	100.0	37.0	7.67	5.38

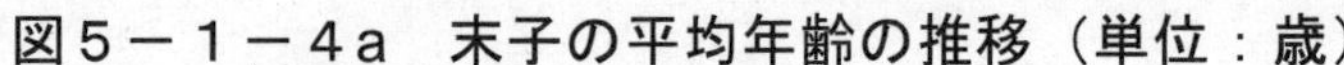

図５－１－４a　末子の平均年齢の推移（単位：歳）

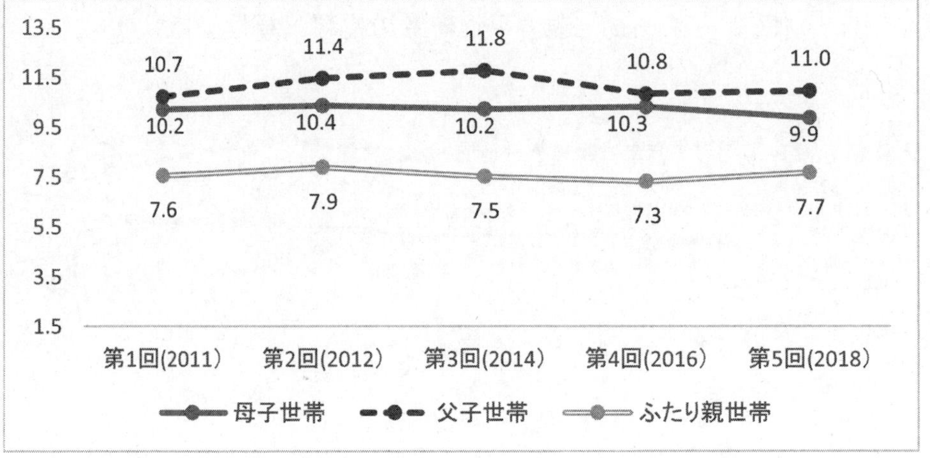

図５－１－４b　末子が６歳未満の世帯割合の推移（%）

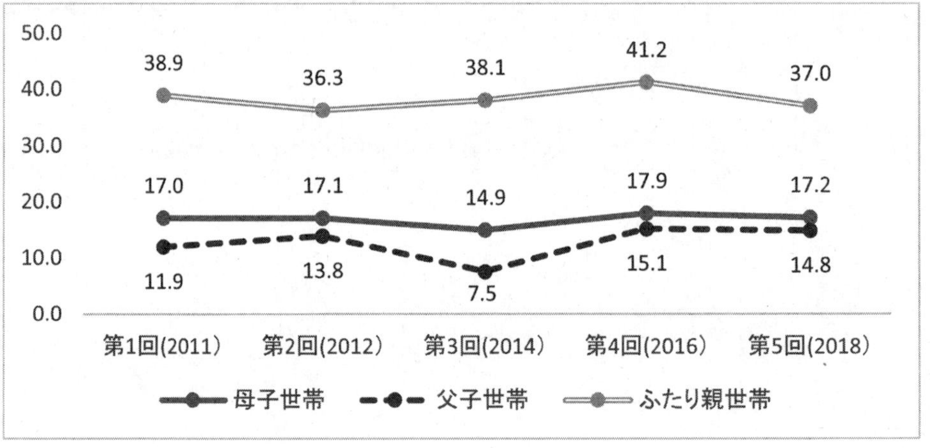

（５）親の年齢―母親の平均年齢は７年前より１歳ほど上昇

母親の平均年齢について、母子世帯が 40.7 歳、ふたり親世帯が 40.9 歳となっている。母親の年齢構成に、世帯類型間の違いがあまり見られない。一方、父親の平均年齢は、父子世帯もふたり親世帯も 43 歳前後である（表５－１－５）。

母親の平均年齢は、母子世帯とふたり親世帯のいずれにおいても、第１回(2011)調査より１歳ほど上昇している（図５－１－５）。

表５－１－５　親の年齢

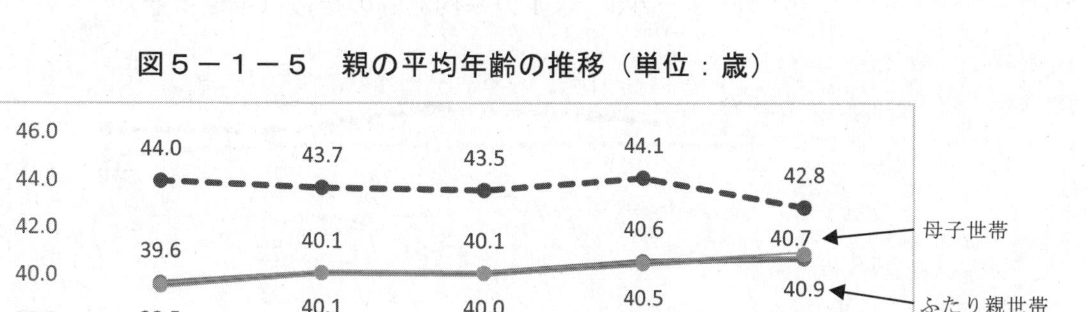

	N	24歳以下	25～29	30～34	35～39	40～44	45～49	50歳以上	不詳	合計	平均（歳）	標準偏差
母子世帯	653	0.6	5.4	15.2	21.8	24.8	22.2	10.1	0.0	100.0	40.68	6.95
父子世帯	54	0.0	3.7	0.0	22.2	37.0	27.8	9.3	0.0	100.0	42.83	5.63
ふたり親世帯（母親）	1,267	0.4	4.6	14.2	23.1	26.1	20.8	10.7	0.1	100.0	40.86	6.84
ふたり親世帯（父親）	1,267	0.4	3.2	10.7	18.6	21.9	22.0	19.3	4.0	100.0	42.86	7.74

注：ふたり親世帯は父親回答（N＝49）の標本も含まれている。

図５－１－５　親の平均年齢の推移（単位：歳）

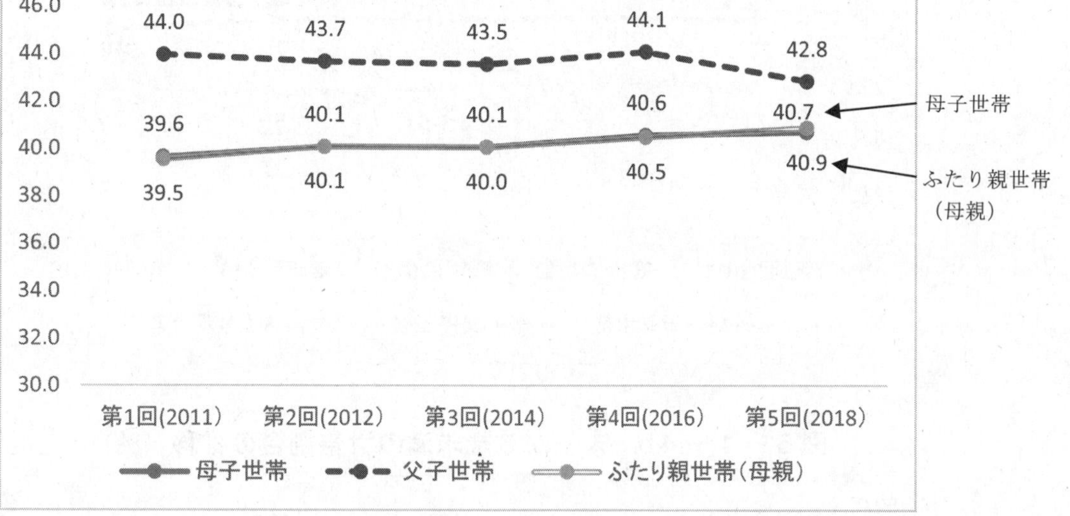

（６）婚姻状況―再婚経験のある母子世帯は１割未満

保護者の婚姻状況をみると、「結婚経験がない」と回答した者の割合が、母子世帯では6.0%、父子世帯では0.0%、ふたり親世帯（母親）では0.7%となっている。保護者のほとんどは結婚した経験がある。初婚相手と現在も婚姻を継続している者の割合は、ふたり親世帯（86.0%）がもっとも高く、母子世帯と父子世帯がそれぞれ1.1%と3.7%である（表５－１－６）。

結婚経験者のうち、初婚相手と離別・死別の割合は、母子世帯が92.1%であり、はっきりとしたトレンドが見られず、おおむね９割前後で推移している。また、初婚相手と離別または死別した者のうち、「再婚経験あり」（結婚２回以上）の割合は、母子世帯が6.8%で、第２回(2012)調査を除けば、ほとんど変化していない（図５－１－６）。

表５－１－６　保護者の婚姻状況

	N	結婚経験なし	結婚経験あり						不詳	合計
			総数	婚姻継続中	別居・離婚調停中	離別	死別	【離別・死別の内】再婚経験ありの割合		
母子世帯	653	6.0	81.5	1.1	4.1	71.4	4.9	6.8	12.6	100.0
父子世帯	54	0.0	75.9	3.7	7.4	51.9	13.0	11.4	24.1	100.0
ふたり親世帯（母親）	1,218	0.7	91.1	86.0	0.5	4.5	0.1	92.3	8.2	100.0

注：ふたり親世帯は父親回答（N＝49）の標本が含まれていない。「婚姻継続中」と回答した母子・父子世帯に、相手が行方不明や、離婚に向けて手続きが進んでいるケース等が含まれている。

図５－１－６　結婚経験者のうち、初婚相手と離別・死別の割合の推移（%）
－母子世帯・父子世帯－

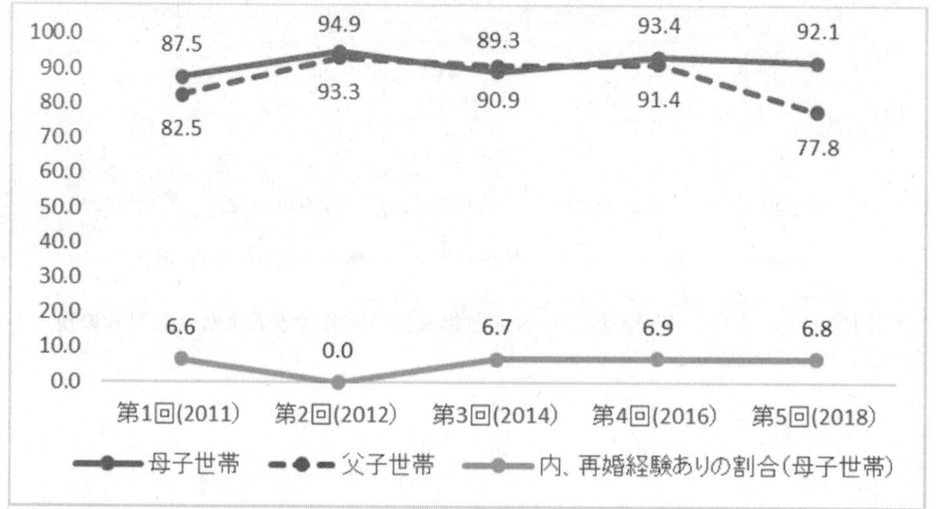

（7）同居家族―三世代同居比率が引き続き低下

「自分の親」と同居している世帯の割合は、母子世帯が27.0%、父子世帯が33.3%、ふたり親世帯が8.0%となっている。ふたり親世帯より、父子世帯と母子世帯が「自分の親」と同居するケースが多い。ふたり親世帯の場合、「配偶者の親」と同居するケースも9.0%ある（表５－１－７）。

同居家族に子どもと祖父母（本人または配偶者の親）の両方が含まれている「三世代同居世帯」の割合は、ふたり親世帯14.6%、母子世帯24.0%、父子世帯31.5%となっている。ひとり親世帯の三世代同居率が比較的高いが、いずれの世帯類型においても、三世代同居世帯の割合が低下傾向にある（図５－１－７）。

表５－１－７　同居家族（複数回答）

	N	配偶者（法律婚）	配偶者（事実婚等）	未婚の子ども	既婚の子ども	孫	あなたの親	配偶者の親	きょうだい・親族	友人・知人	その他	不詳
母子世帯	653	1.5	0.6	85.1	6.7	0.3	27.0	0.6	5.1	0.3	1.2	5.2
父子世帯	54	1.9	5.6	74.1	9.3	1.9	33.3	3.7	3.7	0.0	1.9	11.1
ふたり親世帯	1,267	89.7	2.3	78.4	13.4	0.0	8.0	9.0	1.9	0.1	1.1	3.2

（注）同居者の種別については複数回答。

図５－１－７　三世代同居世帯の割合推移（%）

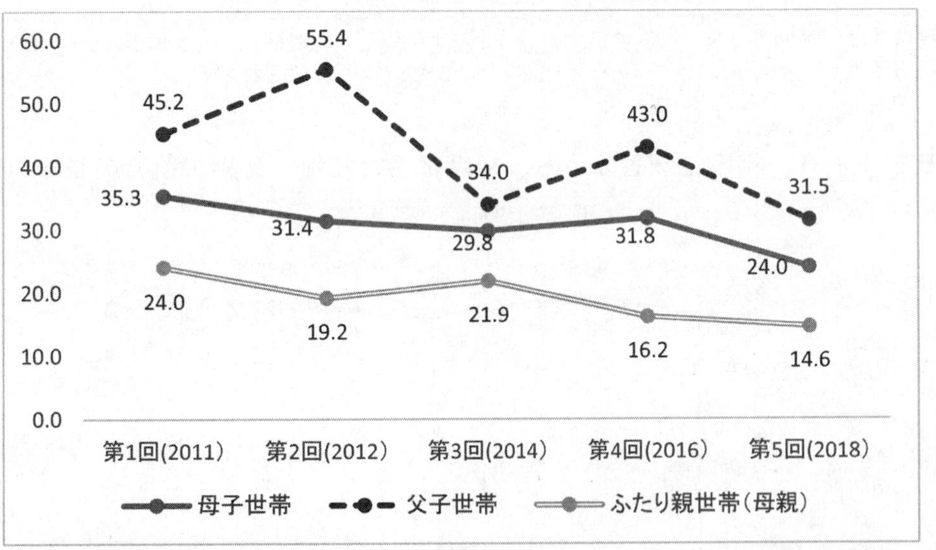

注：「三世代同居世帯」とは、同居家族に子どもと祖父母（回答者本人または配偶者の親）の両方が含まれている世帯のことである。

（８）住居の状況―母子世帯の約１割は公営賃貸住宅

住宅ローン返済中の持ち家（本人または配偶者名義）に住んでいる世帯の割合は、ふたり親世帯が48.5%でもっとも高く、それに次ぐのは父子世帯の20.4%、母子世帯が9.0%でもっとも低い。一方、親や親族名義の持ち家に住む世帯の割合が、父子世帯と母子世帯の方が高くなっている（表５－１－８）。

公営賃貸世帯の割合は、母子世帯が10.1%でもっとも高く、ふたり親世帯（3.6%）より７ポイント高い。公営賃貸世帯の割合が前回調査よりやや上昇しているが、第１回(2011)調査とほぼ同じ水準に戻っている（図５－１－８）。

表５－１－８　住居の種類

	N	持ち家(本人または配偶者名義、ローンなし・不詳)	持ち家(本人または配偶者名義、ローンあり)	持ち家(親や親族名義)	公営賃貸	民間賃貸など	不詳	合計	再掲）本人または名義の持ち家
母子世帯	653	6.1	9.0	22.4	10.1	48.7	3.7	100.0	15.2
父子世帯	54	11.1	20.4	33.3	5.6	22.2	7.4	100.0	31.5
ふたり親世帯	1,267	12.2	48.5	11.4	3.6	21.3	3.1	100.0	60.6

図５－１－８　公営賃貸世帯の割合の推移（%）

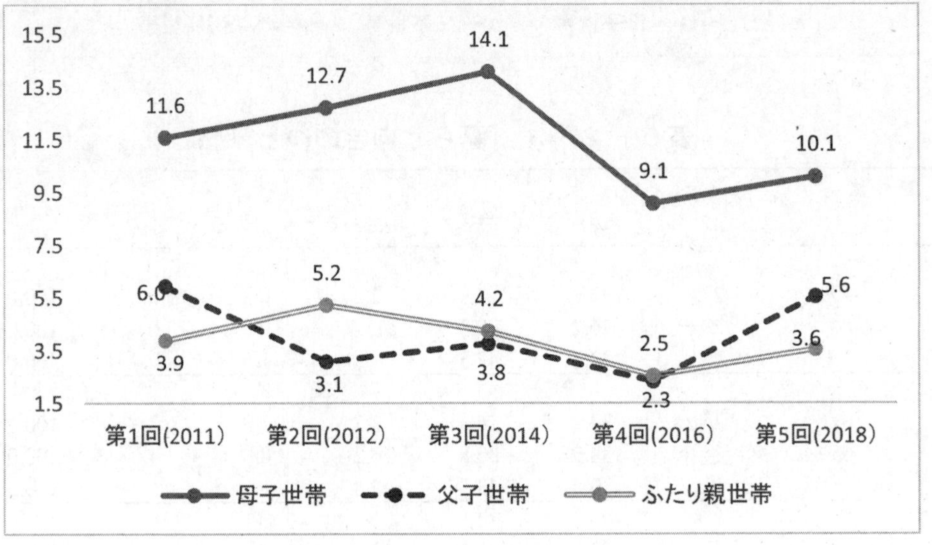

2　経済状況

（1）暮らし向き―「大変苦しい」は減少傾向

現在の暮らし向きのゆとり感をたずねたところ、「大変苦しい」と感じている世帯の割合は、母子世帯が24.0%、父子世帯が22.2%、ふたり親世帯が8.0%となっている。母子世帯とふたり親世帯については、「大変苦しい」と回答した世帯の割合は、第１回調査以降に低下傾向が見られる（図５－２－１）。

図５－２－１　暮らし向きが「大変苦しい」と回答した世帯の割合（%）

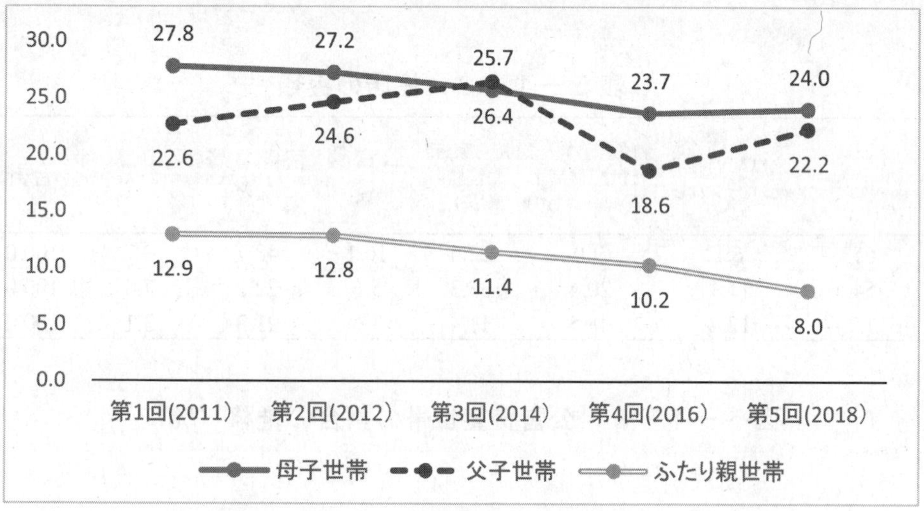

表５－２－１　暮らし向きのゆとり感

	N	大変苦しい	やや苦しい	普通	ややゆとりがある	大変ゆとりがある	不詳	合計	(再掲)大変またはやや苦しい
第1回(2011)									
母子世帯	699	27.8	42.1	27.0	2.3	0.3	0.6	100.0	69.8
父子世帯	84	22.6	26.2	39.3	11.9	0.0	0.0	100.0	48.8
ふたり親世帯	1,435	12.9	32.1	42.3	10.8	1.5	0.4	100.0	45.0
第2回(2012)									
母子世帯	621	27.2	39.8	26.3	3.2	1.3	2.3	100.0	67.0
父子世帯	65	24.6	33.9	30.8	6.2	0.0	4.6	100.0	58.5
ふたり親世帯	1,508	12.8	30.5	43.7	9.8	1.5	1.7	100.0	43.3
第3回(2014)									
母子世帯	724	25.7	40.1	25.4	3.3	1.0	4.6	100.0	65.8
父子世帯	53	26.4	24.5	41.5	5.7	0.0	1.9	100.0	51.0
ふたり親世帯	1,416	11.4	30.4	42.1	11.5	1.8	2.9	100.0	41.7
第4回(2016)									
母子世帯	693	23.7	38.7	30.3	4.3	1.0	2.0	100.0	62.3
父子世帯	86	18.6	34.9	41.9	3.5	0.0	1.2	100.0	53.5
ふたり親世帯	1,380	10.2	27.9	48.0	10.8	2.1	0.9	100.0	38.1
第5回(2018)									
母子世帯	653	24.0	36.3	31.6	5.1	1.2	1.8	100.0	60.3
父子世帯	54	22.2	18.5	46.3	7.4	1.9	3.7	100.0	40.7
ふたり親世帯	1,267	8.0	26.9	49.4	11.9	2.1	1.7	100.0	34.9

（2）年間収入―母子世帯の内部格差が拡大

子育て世帯の平均税込収入（調査前年分、就労収入・社会保障給付・贈与・財産収入などを含む遺産以外の総収入）は、母子世帯が299.9万円、父子世帯が623.5万円、ふたり親世帯が734.7万円となっている。ふたり親世帯の平均税込収入は、前回調査より引き続き上昇している（図5－2－2a)。母子世帯の平均税込収入は、前回調査より 17 万円低くなっている。一方、税込収入の中央値は、母子世帯が250万円、ふたり親世帯が665万円となっており、母子世帯は変化なし、ふたり親世帯は25万円増である（図5－2－2b)。

上位10%と下位10%の収入比（90-10収入比）は、母子世帯が5.8倍、父子世帯が7.3倍、ふたり親世帯が3.0倍である。ひとり親世帯内部の収入格差が比較的大きいことが分かる。前回調査に比べて、ふたり親世帯の内部収入格差は税込収入ではやや縮小（3.4倍→3.0倍)、税金（所得税、住民税、固定資産税）と社会保険料を引いた後、児童手当等の給付を含めた手取り収入、いわゆる再分配後の可処分所得では変化なし（ともに2.8倍）である。

一方、母子世帯の内部格差は、税込収入ベース（5.4倍→5.8倍）と可処分所得ベース（4.0倍→4.7倍）のいずれにおいても拡大している（表5－2－2a、表5－2－2b、表5－2－2c)。

図5－2－2a　年間収入（税込）平均値の推移（単位：万円）

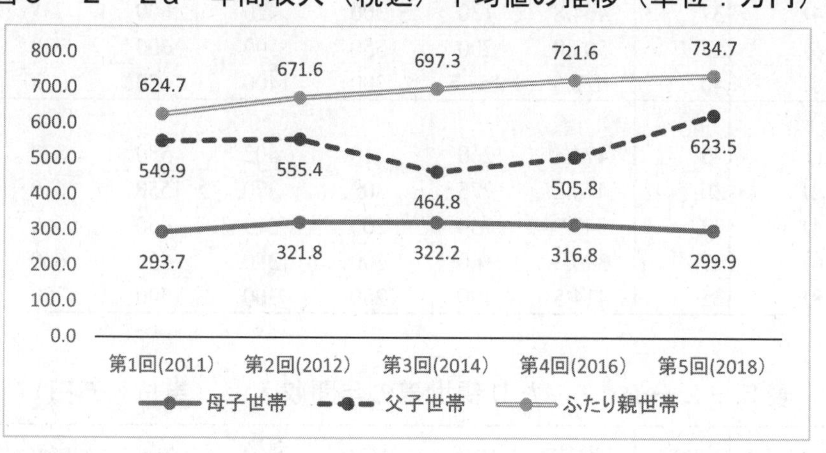

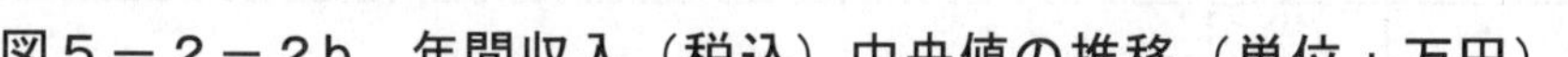

図5－2－2b　年間収入（税込）中央値の推移（単位：万円）

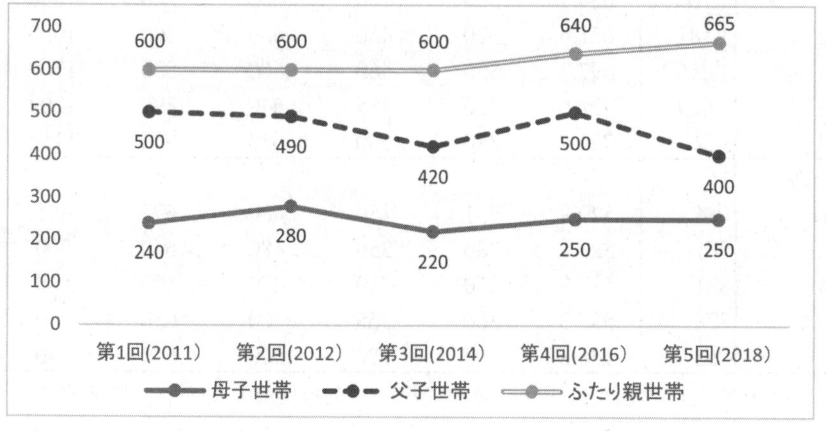

表５－２－２a　母子世帯の年間収入（単位：万円）

	N	平均値	10%	25%	50% (中央値)	75%	90%	内部格差 (90%/10%)
(税込収入)								
第1回(2011)	493	293.7	96	150	240	371	560	5.8
第2回(2012)	387	321.8	150	200	280	400	550	3.7
第3回(2014)	500	322.2	72.5	140	220	390	670	9.2
第4回(2016)	473	316.8	108	170	250	400	588	5.4
第5回(2018)	485	299.9	100	174	250	380	580	5.8
(可処分所得)								
第1回(2011)	281	268.7	90	137	215	330	500	5.6
第2回(2012)	230	256.0	112.5	160	210	300	450	4.0
第3回(2014)	400	239.2	65	120	182.5	300	490	7.5
第4回(2016)	394	245.8	100	140	200	300	400	4.0
第5回(2018)	399	237.4	90	144	200	300	420	4.7

表５－２－２b　父子世帯の年間収入（単位：万円）

	N	平均値	10%	25%	50% (中央値)	75%	90%	内部格差 (90%/10%)
(税込収入)								
第1回(2011)	71	549.9	300	350	500	700	900	3.0
第2回(2012)	41	555.4	300	400	490	750	800	2.7
第3回(2014)	37	464.8	130	300	420	600	737	5.7
第4回(2016)	57	505.8	200	350	500	600	710	3.6
第5回(2018)	40	623.5	157.5	300	400	650	1150	7.3
(可処分所得)								
第1回(2011)	45	474.4	260	310	402	550	820	3.2
第2回(2012)	30	414.2	275	300	370	550	610	2.2
第3回(2014)	32	349.9	130	200	315	460	600	4.6
第4回(2016)	47	390.3	160	300	380	450	600	3.8
第5回(2018)	35	414.5	190	250	300	500	700	3.7

表５－２－２c　ふたり親世帯の年間収入　（単位：万円）

	N	平均値	10%	25%	50% (中央値)	75%	90%	内部格差 (90%/10%)
(税込収入)								
第1回(2011)	1,164	624.7	300	400	600	800	1000	3.3
第2回(2012)	1,187	671.6	320	450	600	800	1090	3.4
第3回(2014)	1,016	697.3	350	460	600	830	1100	3.1
第4回(2016)	1,029	721.6	356	485	640	890	1200	3.4
第5回(2018)	922	734.7	380	500	665	900	1150	3.0
(可処分所得)								
第1回(2011)	684	529.9	251	350	480	677	855	3.4
第2回(2012)	861	523.0	280	350	480	640	800	2.9
第3回(2014)	821	513.9	270	350	450	600	800	3.0
第4回(2016)	878	537.3	300	365	500	650	850	2.8
第5回(2018)	762	546.8	300	380	500	650	840	2.8

注：可処分所得が負または税込収入の半分未満の場合、欠損値としている。以下同。

（３）相対的貧困率―公営賃貸住宅に多くの貧困世帯

子どものいる世帯を所得の高い順に並べ、全体の真ん中にくる世帯の所得、いわゆる「中位所得」の 50%を貧困線として、それ未満の所得で暮らす貧困世帯の割合を算出した。世帯規模が大きくなるにつれて、１人当たりの生活コストが低下傾向にあるため、世帯規模で調整された等価ベースの貧困線が用いられている。具体的には、中位所得の半分を世帯人員数の平方根で割った数値が貧困線となる。厚生労働省が公表している 2012 年と 2015 年の貧困線は、単身者世帯では 122 万円、4 人世帯では約 244 万円となっている。

可処分所得が貧困線未満の世帯の割合は、母子世帯では 51.4%、父子世帯では 22.9%、ふたり親世帯では 5.9%となっている（図５－２－３a）。可処分所得が貧困線の 50%を満たない「ディープ・プア（Deep Poor）」世帯の割合は、母子世帯が 13.3%、父子世帯が 8.6%、ふたり親世帯が 0.5%である（図５－２－３b）。

可処分所得が貧困線の 120%（＝中位所得の 60%）を満たない世帯の割合、いわゆる「UK 基準貧困率」は、母子世帯が 61.7%、父子世帯が 40.0%、ふたり親世帯が 11.3%である（図５－２－３c）。

住宅種類別でみると、公営賃貸世帯の貧困率がもっとも高く、持ち家（住宅ローンあり）世帯の貧困率がもっとも低くなっている（図５－２－３d）。公営賃貸住宅は貧困世帯を多く受け入れていることが分かる。

図５－２－３a　貧困世帯（可処分所得が貧困線未満）の割合（%）

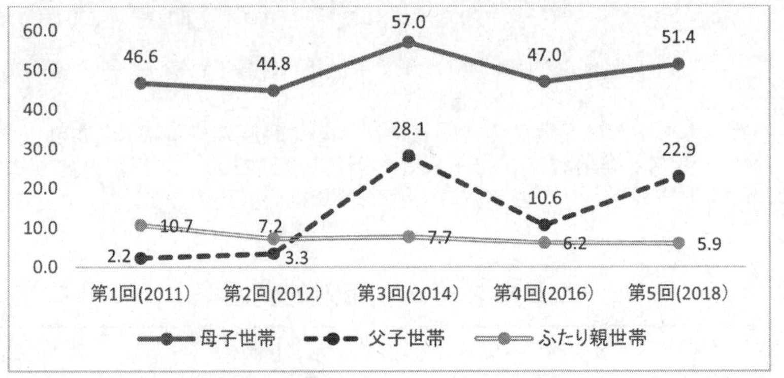

図５－２－３b　深度貧困世帯（可処分所得が貧困線の 50%未満）の割合（%）

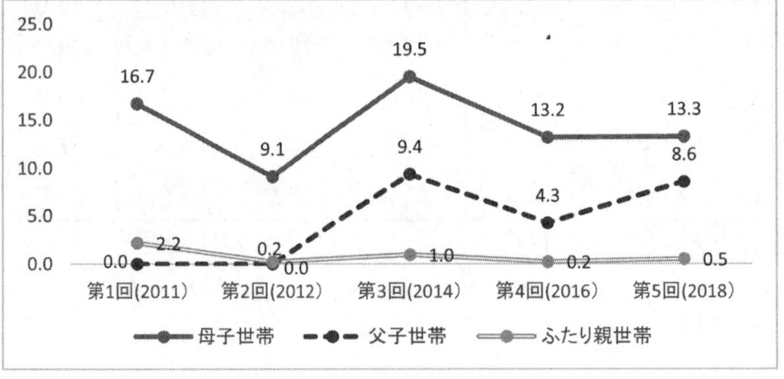

図5－2－3c　UK 基準貧困世帯（可処分所得が貧困線の 120%未満）の割合（%）

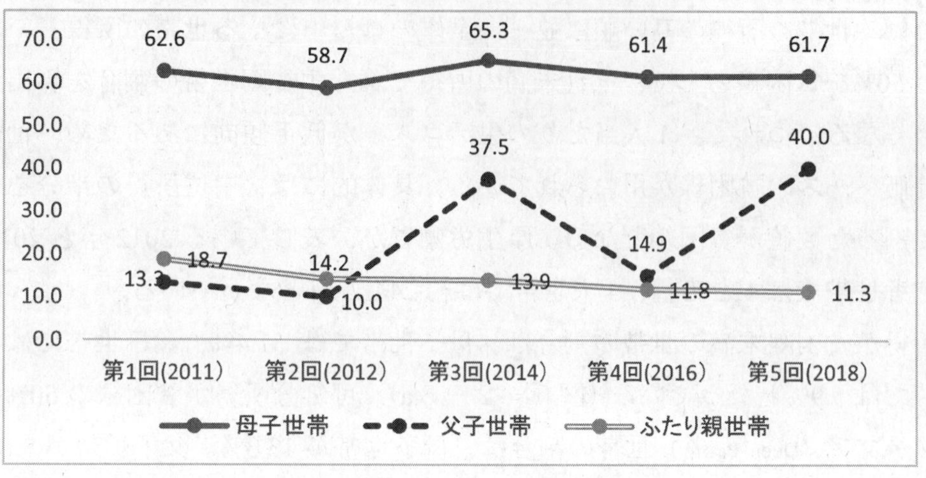

図5－2－3d　住宅種類別貧困世帯（可処分所得が貧困線未満）の割合（%）

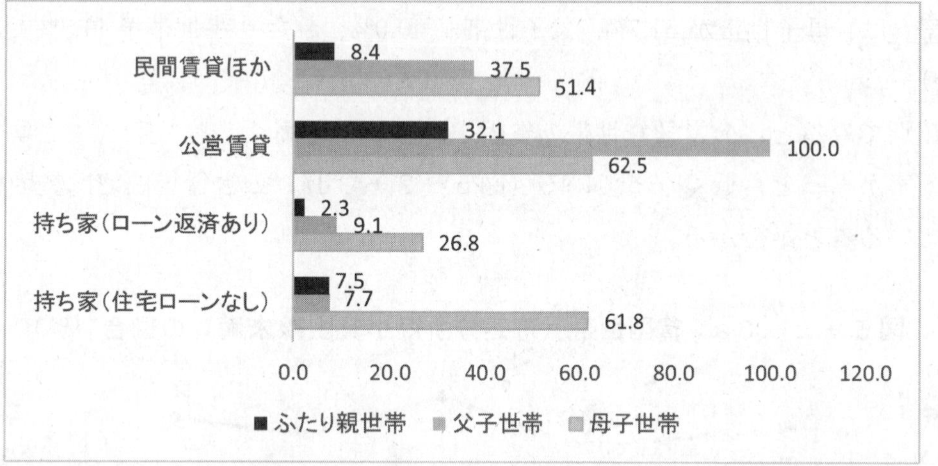

注：「持ち家」には、本人または配偶者の持ち家の他、親や親族の持ち家も含まれている。「民間賃貸ほか」には、社宅・寮等の給与住宅、母子寮等の福祉施設、その他・不詳が含まれている。父子世帯の標本サイズは 35 世帯（うち、公営賃貸３、民間賃貸ほか８）である。

表５－２－３　相対的貧困率

	ディープ・プア率（可処分所得＜貧困線の50%）			貧困率（可処分所得＜貧困線）			UK基準貧困率（可処分所得＜貧困線の120%）		
	母子世帯	父子世帯	ふたり親世帯	母子世帯	父子世帯	ふたり親世帯	母子世帯	父子世帯	ふたり親世帯
第1回(2011)	16.7	0.0	2.2	46.6	2.2	10.7	62.6	13.3	18.7
第2回(2012)	9.1	0.0	0.2	44.8	3.3	7.2	58.7	10.0	14.2
第3回(2014)	19.5	9.4	1.0	57.0	28.1	7.7	65.3	37.5	13.9
第4回(2016)	13.2	4.3	0.2	47.0	10.6	6.2	61.4	14.9	11.8
第5回(2018)	13.3	8.6	0.5	51.4	22.9	5.9	61.7	40.0	11.3

注：不詳を除いた集計値である。標本サイズは表５－２－２の下段（可処分所得）と同じ。

（４）食料の不足—母子世帯は６世帯に１世帯が直面する問題

子育て世帯が物質的剥奪状況にあるかどうかをみるために、「過去の１年間、お金が足りなくて、家族が必要とする食料を買えないこと」の有無もたずねてみた。母子世帯の 16.2%、父子世帯の 7.4%、ふたり親世帯の 4.6%は食料を買えないことが「よくあった」または「時々あった」と回答している（図５－２－４）。

食料の不足を感じている世帯の割合は、ふたり親世帯が前回調査よりやや改善しているが、母子世帯ではほぼ変わらない。第１回(2011)調査に比べて、食料の不足を感じている世帯の割合はふたり親世帯では３ポイント低下しているが、母子世帯では１ポイント上昇している（図５－２－４）。

図５－２－４　食料の不足を感じている世帯の割合（%）

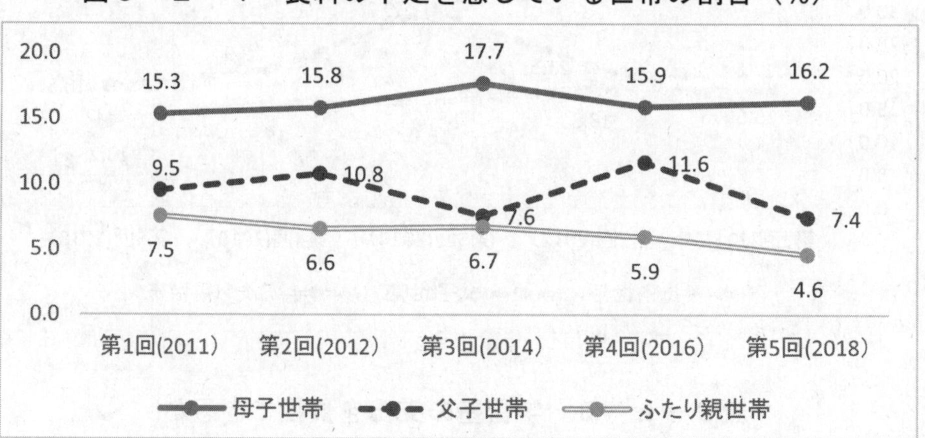

表５－２－４　過去の１年間、家族が必要とする食料を買えないことの頻度

	N	よくあった(①)	どきどきあった(②)	まれにあった	まったくなかった	不詳	合計	①+②
第1回(2011)								
母子世帯	699	4.2	11.2	23.5	60.7	0.6	100.0	15.3
父子世帯	84	2.4	7.1	9.5	81.0	0.0	100.0	9.5
ふたり親世帯	1,435	1.8	5.7	11.3	80.9	0.3	100.0	7.5
第2回(2012)								
母子世帯	621	5.0	10.8	17.4	64.4	2.4	100.0	15.8
父子世帯	65	3.1	7.7	13.9	70.8	4.6	100.0	10.8
ふたり親世帯	1,508	2.1	4.5	10.4	81.9	1.1	100.0	6.6
第3回(2014)								
母子世帯	724	4.3	13.4	16.9	60.9	4.6	100.0	17.7
父子世帯	53	1.9	5.7	17.0	73.6	1.9	100.0	7.6
ふたり親世帯	1,416	1.4	5.3	9.5	81.1	2.8	100.0	6.7
第4回(2016)								
母子世帯	693	4.9	11.0	14.9	67.2	2.0	100.0	15.9
父子世帯	86	7.0	4.7	11.6	75.6	1.2	100.0	11.6
ふたり親世帯	1,380	1.5	4.5	9.4	83.6	1.2	100.0	5.9
第5回(2018)								
母子世帯	653	4.6	11.6	17.8	64.3	1.7	100.0	16.2
父子世帯	54	1.9	5.6	11.1	79.6	1.9	100.0	7.4
ふたり親世帯	1,267	1.0	3.6	9.1	85.0	1.3	100.0	4.6

（５）学習塾支出―負担できない割合はやや低下

子どもの学習塾の支出を「負担できない」と回答した世帯の割合は、母子世帯では36.6%、父子世帯では18.5%、ふたり親世帯では13.2%となっている（図５－２－５）。

いずれの世帯類型においても、学習塾の支出を「負担できない」と感じている世帯の割合は、前回調査よりやや低下している。第１回(2011)調査に比べて、「負担できない」と感じている世帯の割合は、ふたり親世帯では５ポイント低下しているが、母子世帯では１ポイント上昇している（図５－２－５）。

図５－２－５　子どもの学習塾の支出を「負担できない」世帯の割合（%）

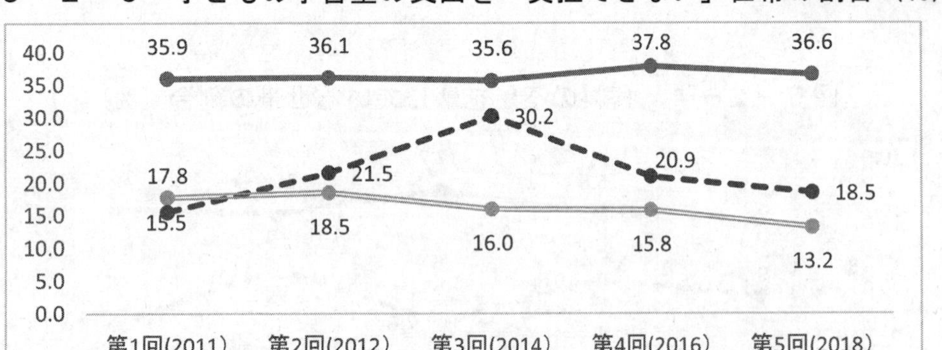

表５－２－５　学習塾の支出を負担できるか

	N	余裕で負担できる	おおむね負担できる	負担するのは厳しい	負担できない	不詳	合計
第1回(2011)							
母子世帯	699	2.4	22.8	37.1	35.9	1.9	100.0
父子世帯	84	7.1	48.8	27.4	15.5	1.2	100.0
ふたり親世帯	1,435	4.8	41.5	35.1	17.8	0.9	100.0
第2回(2012)							
母子世帯	621	2.3	22.7	34.9	36.1	4.0	100.0
父子世帯	65	6.2	27.7	38.5	21.5	6.2	100.0
ふたり親世帯	1,508	5.8	42.1	31.7	18.5	1.9	100.0
第3回(2014)							
母子世帯	724	2.9	20.9	34.3	35.6	6.4	100.0
父子世帯	53	3.8	35.9	24.5	30.2	5.7	100.0
ふたり親世帯	1,416	6.3	42.1	31.7	16.0	4.0	100.0
第4回(2016)							
母子世帯	693	2.0	23.8	34.1	37.8	2.3	100.0
父子世帯	86	4.7	43.0	26.7	20.9	4.7	100.0
ふたり親世帯	1,380	6.8	43.1	32.8	15.8	1.5	100.0
第5回(2018)							
母子世帯	653	2.5	24.5	34.0	36.6	2.5	100.0
父子世帯	54	14.8	40.7	20.4	18.5	5.6	100.0
ふたり親世帯	1,267	7.0	47.0	30.5	13.2	2.5	100.0

（6）貯蓄―ふたり親世帯でも７世帯に１世帯が全くできない

「全く貯蓄していない」または「貯蓄を生活費に回している」と回答した世帯、いわゆる貯蓄が全くできない収支バランスの悪い世帯の割合は、母子世帯が36.1%、父子世帯が27.8%、ふたり親世帯が14.4%である（図５－２－６）。

家計の収支バランスが悪い世帯の割合は、前回調査とほぼ同じであるが、第１回（2011）調査に比べて、ふたり親世帯が２ポイント低下しており、母子世帯が２ポイント上昇している（図５－２－６）。

図５－２－６　家計の収支バランスが悪い世帯の割合（%）

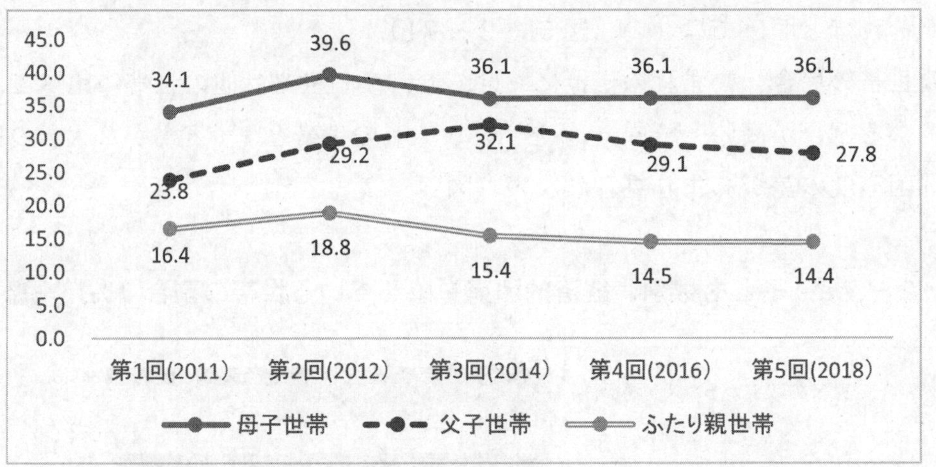

表５－２－６　家計の収支バランスの状況

	N	ほぼ毎月貯蓄	時々貯蓄	ほとんど貯蓄していない	全く貯蓄していない（①）	貯蓄を生活費に回している（②）	不詳	合計	①＋②
第1回(2011)									
母子世帯	699	18.9	21.3	21.0	25.0	9.0	4.7	100.0	34.1
父子世帯	84	28.6	19.1	23.8	17.9	6.0	4.8	100.0	23.8
ふたり親世帯	1,435	42.7	21.5	15.9	10.7	5.7	3.5	100.0	16.4
第2回(2012)									
母子世帯	621	18.4	18.2	16.6	30.0	9.7	7.3	100.0	39.6
父子世帯	65	26.2	15.4	21.5	23.1	6.2	7.7	100.0	29.2
ふたり親世帯	1,508	44.0	18.2	15.3	12.1	6.8	3.7	100.0	18.8
第3回(2014)									
母子世帯	724	20.9	17.0	16.9	28.0	8.0	9.3	100.0	36.1
父子世帯	53	30.2	11.3	13.2	24.5	7.6	13.2	100.0	32.1
ふたり親世帯	1,416	41.7	19.4	17.1	11.6	3.8	6.4	100.0	15.4
第4回(2016)									
母子世帯	693	21.7	19.3	18.5	26.8	9.2	4.5	100.0	36.1
父子世帯	86	24.4	17.4	19.8	22.1	7.0	9.3	100.0	29.1
ふたり親世帯	1,380	43.0	22.5	16.4	10.2	4.3	3.6	100.0	14.5
第5回(2018)									
母子世帯	653	18.4	23.3	17.0	27.0	9.2	5.2	100.0	36.1
父子世帯	54	27.8	18.5	14.8	18.5	9.3	11.1	100.0	27.8
ふたり親世帯	1,267	42.1	25.1	14.3	10.0	4.4	4.1	100.0	14.4

注：住宅ローンの繰上げ返済も貯蓄とみなす。

（7）子どもの数と経済的困窮—多子世帯は困窮度が高い

「家計の収支バランスが悪い」「学習塾の支出を負担できない」「食料の不足を感じている」「暮らし向きが大変苦しい」についての母（父）親の感じ方、いわゆる主観的指標で測った経済的困窮度と子ども数との関連性を調べた。

母子世帯の場合、いずれの指標においても、子どもが多い世帯ほど経済的困窮度が高くなる。例えば、暮らし向きが「大変苦しい」と回答した母子世帯の割合は、子どもが３人以上では32.9%、子どもが２人では26.8%、子どもが１人では15.9%である（図５－２－７a）。

父子世帯の場合、「学習塾の支出を負担できない」という指標では子どもが３人以上の多子世帯が困難を感じている割合は顕著に高い。その他の指標では、子ども数と経済的困窮度のつながりがそれほど明確ではない（図５－２－７b）。

ふたり親世帯の場合、いずれの指標においても、多子世帯は他の世帯に比べて、経済的困窮を感じている割合が高い。一方、「子どもが１人」の世帯と「子どもが２人」の世帯との間に、経済的困窮度の差があまり見られない（図５－２－７c）。

図５－２－７a　子ども数別、経済的困窮を感じている世帯の割合（%）－母子世帯

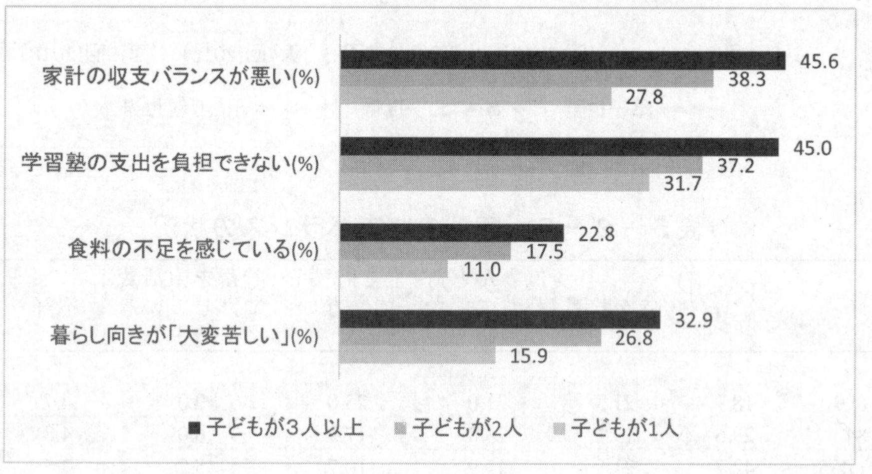

図５－２－７b　子ども数別、経済的困窮を感じている世帯の割合（%）－父子世帯

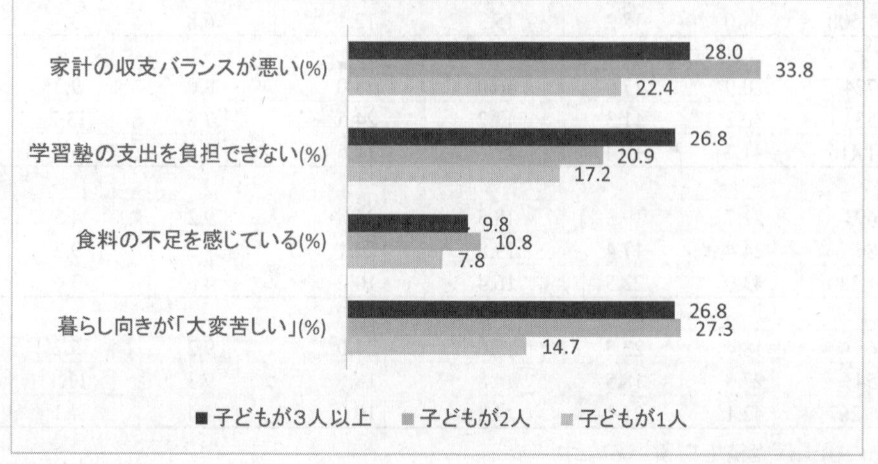

図表５－２－７c　子ども数別、経済的困窮を感じている世帯の割合（%）
ーふたり親世帯

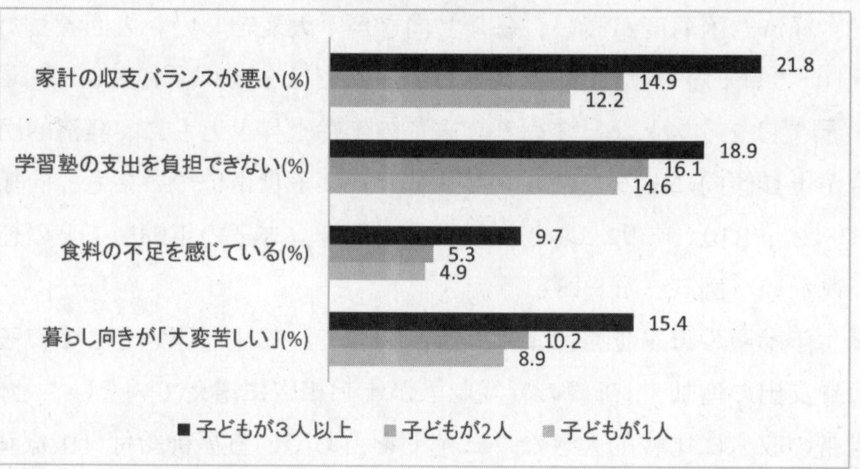

表５－２－７　子ども数別、経済的困窮を感じている世帯の割合

	N	暮らし向きが「大変苦しい」	食料の不足を感じている	学習塾の支出を負担できない	家計の収支バランスが悪い
母子世帯					
子どもが1人	227	15.9	11.0	31.7	27.8
子どもが2人	269	26.8	17.5	37.2	38.3
子どもが3人以上	149	32.9	22.8	45.0	45.6
父子世帯					
子どもが1人	14	14.7	7.8	17.2	22.4
子どもが2人	28	27.3	10.8	20.9	33.8
子どもが3人以上	11	26.8	9.8	26.8	28.0
ふたり親世帯					
子どもが1人	268	8.9	4.9	14.6	12.2
子どもが2人	663	10.2	5.3	16.1	14.9
子どもが3人以上	318	15.4	9.7	18.9	21.8

（８）末子の年齢と経済的困窮―末子が中高生の母子世帯は一層厳しい

経済的困窮度は末子の年齢とも一定の相関関係がある。母子世帯の場合、子どもの年齢が高い世帯ほど、経済的困窮度が高い。暮らし向きが「大変苦しい」と回答した母子世帯の割合は、末子が「0～5歳」層では21.4%、「6～11歳」層では23.0%、「12～14歳」層では27.9%、「15～17歳」層では29.4%となっており、末子の年齢上昇とともに、経済的困窮を感じている世帯の割合が上昇傾向にある（図５－２－８a）。父子世帯についても、同様の傾向が確認できる（図５－２－８b）。一方、ふたり親世帯の場合、末子の年齢層ごとの経済的困窮度の差異は明確ではない（図５－２－８c）。

末子が中高生年齢層の母子世帯はより一層困窮している主な原因として、子どもの年齢上昇に伴う教育費支出の増加や、母親の就業収入が年齢相応に増えていないことが考えられる。また、母子世帯の収入に比較的大きなウェイトを占めている福祉給付（医療費助成、児童手当、児童扶養手当など）は、受給年齢制限のあるものが多く、末子が中学生、高校生になる段階では、受給対象から外れる子どもが出てくることも影響しているかもしれない。

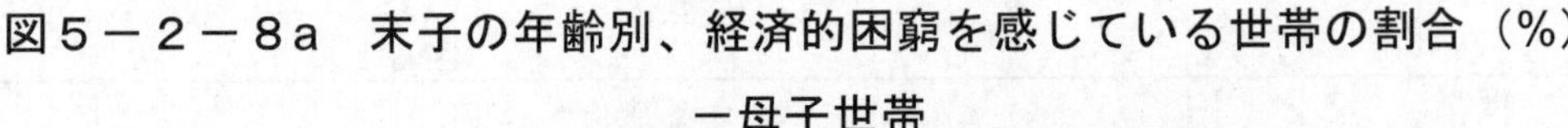

図５－２－８a　末子の年齢別、経済的困窮を感じている世帯の割合（%）
－母子世帯

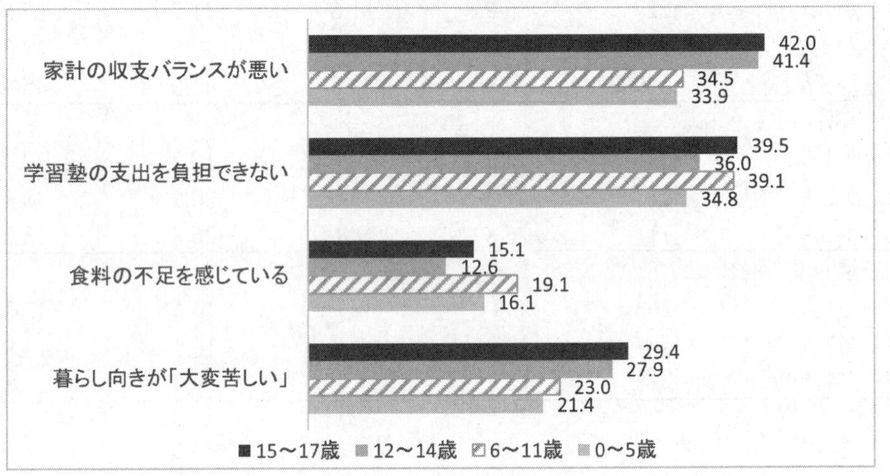

図５－２－８b　末子の年齢別、経済的困窮を感じている世帯の割合（%）
－父子世帯

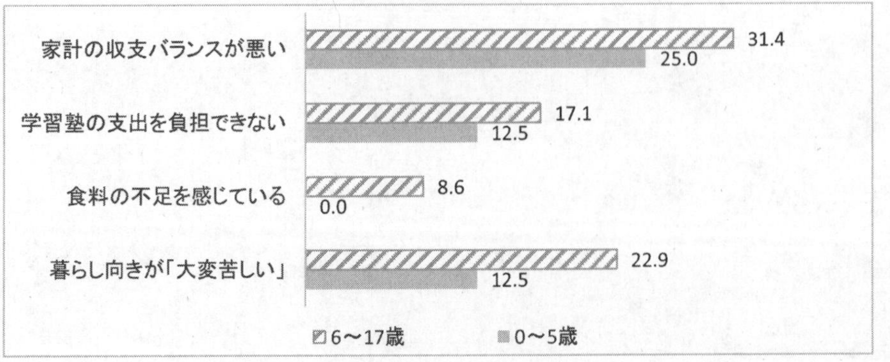

図５－２－８c　末子の年齢別、経済的困窮を感じている世帯の割合（%）

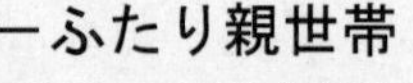

ーふたり親世帯

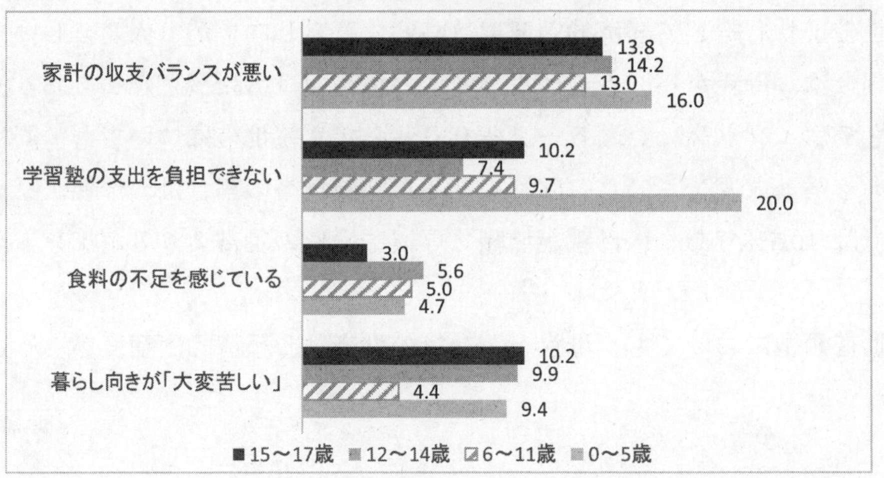

表５－２－８　末子の年齢別経済的困窮を感じている世帯の割合

	N	暮らし向きが「大変苦しい」	食料の不足を感じている	学習塾の支出を負担できない	家計の収支バランスが悪い
母子世帯					
0～5歳	112	21.4	16.1	34.8	33.9
6～11歳	235	23.0	19.1	39.1	34.5
12～14歳	111	27.9	12.6	36.0	41.4
15～17歳	119	29.4	15.1	39.5	42.0
父子世帯					
0～5歳	8	12.5	0.0	12.5	25.0
6～17歳	35	22.9	8.6	17.1	31.4
ふたり親世帯					
0～5歳	469	9.4	4.7	20.0	16.0
6～11歳	339	4.4	5.0	9.7	13.0
12～14歳	162	9.9	5.6	7.4	14.2
15～17歳	167	10.2	3.0	10.2	13.8

（9）就業状態と経済的困窮―パート主婦世帯がもっとも苦しい

経済的困窮度は母親の就業状態によって変わる。母親がパート・アルバイトの世帯は、母親が無職の世帯よりも総じて経済的困窮度は高い。暮らし向きが「大変苦しい」と回答した母子世帯の割合は、母親がパート・アルバイトの世帯では 33.5%となっており、母親が無職の世帯よりも７ポイント高い（図５－２－９a）。ふたり親世帯についても、同様の傾向がある。暮らし向きが「大変苦しい」と回答したふたり親世帯の割合は、母親がパート・アルバイトの世帯では 10.5%であり、母親が無職（専業主婦）の世帯より３ポイント高い（図５－２－９b）。

いずれの世帯類型においても、母親が正社員の世帯は、経済的困窮度がもっとも低い（表５－２－９）。

図５－２－９a　母親の就業状態別、経済的困窮を感じている世帯の割合（%）
ー母子世帯

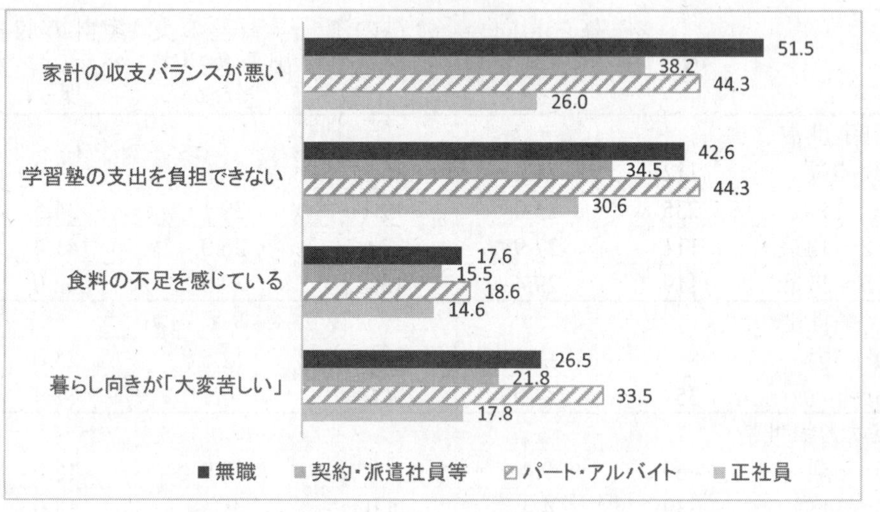

図５－２－９b　母親の就業状態別、経済的困窮を感じている世帯の割合（%）
ーふたり親世帯

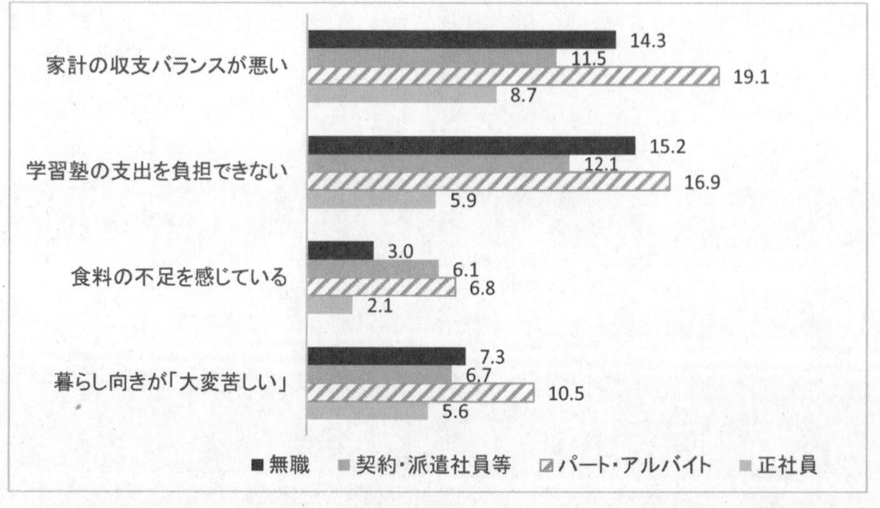

表５－２－９　母親の就業状態別経済的困窮を感じている世帯の割合

	N	暮らし向きが「大変苦しい」	食料の不足を感じている	学習塾の支出を負担できない	家計の収支バランスが悪い
母子世帯					
正社員	281	17.8	14.6	30.6	26.0
パート・アルバイト	194	33.5	18.6	44.3	44.3
契約・派遣社員等	110	21.8	15.5	34.5	38.2
無職	68	26.5	17.6	42.6	51.5
ふたり親世帯					
正社員	286	5.6	2.1	5.9	8.7
パート・アルバイト	439	10.5	6.8	16.9	19.1
契約・派遣社員等	165	6.7	6.1	12.1	11.5
無職	328	7.3	3.0	15.2	14.3

（１０）キャリア継続と経済的困窮―「中断型」有業者は不利な状況

母親が学校卒業後、おおむね働き続けている、いわゆる「継続型」有業者である場合、家庭の経済的困窮度は比較的低い。一方、現在は働いているが、職業を中断した時期がある、いわゆる「中断型」有業者は、比較的不利な状況に置かれている。

母子世帯の場合、暮らし向きが「大変苦しい」と回答した母親の割合では、「継続型」有業者が20.8%となっており、「中断型」有業者より５ポイント低い（図５－２－10a）。

ふたり親世帯についても、同様の傾向がある。暮らし向きが「大変苦しい」と回答したふたり親世帯の割合は、「継続型」有業者では、7.0%となっており、「中断型」有業者より１ポイント低い（図５－２－10b）。

「学習塾の支出を負担できない」という指標でみると、「継続型」と「中断型」有業者との差異が一層顕著である。両者の開きは、母子世帯が９ポイント（31.4% vs.40.2%）、ふたり親世帯が５ポイント（9.6% vs.14.4%）となっている。

図５－２－10a　母親のキャリア継続の有無別、経済的困窮を感じている世帯の割合（%）　－母子世帯

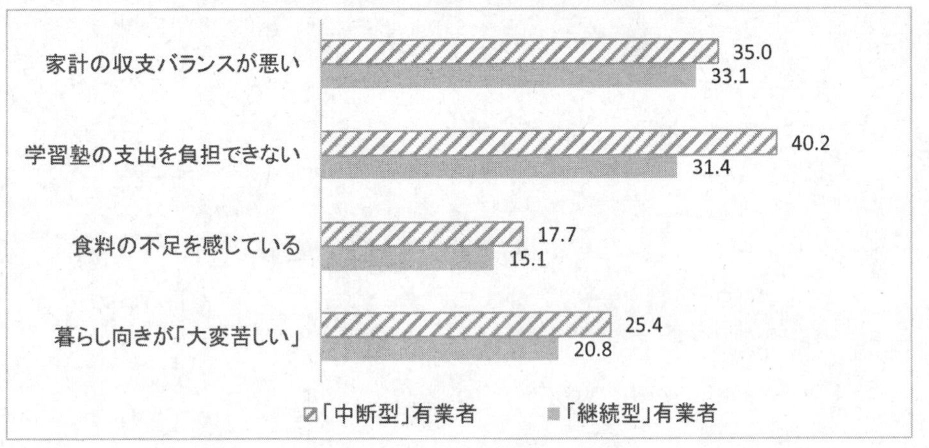

図５－２－10b　母親のキャリア継続の有無別、経済的困窮を感じている世帯の割合（%）　－ふたり親世帯

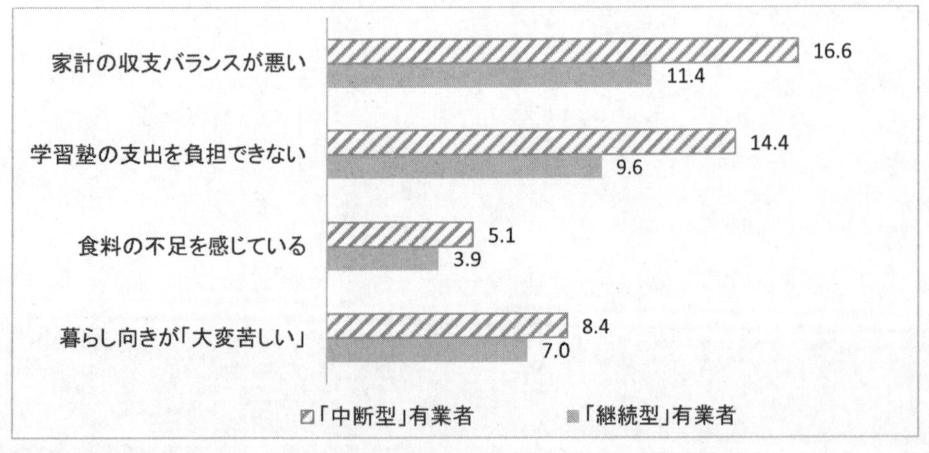

表５－２－10　母親のキャリア継続の有無別、経済的困窮を感じている世帯の割合

	N	暮らし向きが「大変苦しい」	食料の不足を感じている	学習塾の支出を負担できない	家計の収支バランスが悪い
母子世帯					
「継続型」有業者	245	20.8	15.1	31.4	33.1
「中断型」有業者	311	25.4	17.7	40.2	35.0
無業者	68	26.5	17.6	42.6	51.5
ふたり親世帯					
「継続型」有業者	385	7.0	3.9	9.6	11.4
「中断型」有業者	452	8.4	5.1	14.4	16.6
無業者	328	7.3	3.0	15.2	14.3

注：「継続型」：学校卒業後、おおむね働き続けていると本人が回答している。
「中断型」：職業を中断していたが、現在は再就職している。

（１１）経済的困窮―金銭的指標と主観的指標と一致しない場合も

第（７）～（１０）節は暮らし向きなど主観的指標を用いて、経済的困窮度と子ども数等の世帯属性との関連性を調べた。一方、相対的貧困率といった金銭的指標でみた場合、以下の通りいくつかの結果が必ずしも一致しないことが分かった。例えば、母子世帯の場合、多子世帯や末子が中高生の世帯は主観的指標では困窮度が高いが、貧困率は高くなっていない（表５－２－11a、表５－２－11b）。

貧困率に代表される金銭的指標は、世帯の消費ニーズや実物給付の部分が平均水準より大きく乖離している世帯（多子世帯や中高生のいる母子世帯がその例）において、その実際的生活困窮度を十分に捉えることができない。その意味では、貧困と格差の実態を解明するためには、金銭的指標と主観的指標の併用が重要である。

表５－２－11a　属性別経済的困窮度－主観的指標 vs.金銭的指標

	主観的指標	金銭的指標
・（母子・ふたり親世帯）多子世帯は困窮度が高い	○	△（母子×）
・（母子世帯）末子が中高生の世帯はより困窮	○	×
・（母子・ふたり親世帯）母親がパートの世帯はもっとも苦しい	○	△（ふたり親×）
・（母子・ふたり親世帯）「中断型」有業者は不利な状況	○	○

表５－２－11b　属性別の貧困率

		母子世帯	父子世帯	ふたり親世帯
子ども数別	子どもが1人	40.4	14.3	5.8
	子どもが2人	59.3	26.3	4.7
	子どもが３人以上	53.3	22.2	8.8
末子の年齢層別	0～5歳	59.7	20.0	6.5
	6～11歳	52.0	33.3	7.6
	12～14歳	54.8	25.0	1.1
	15～17歳	33.8	22.2	5.5
母親の就業形態別	正社員	32.8		3.2
	パート・アルバイト	71.2		6.5
	契約・派遣社員等	66.2		10.0
	無職	64.5		6.0
母親のキャリア中断の有無別	「継続型」有業者	41.7		5.3
	「中断型」有業者	56.1		6.7
	無業者	64.5		6.0

3　仕事

（1）現在の就業形態―就業率と正社員比率がともに上昇

母親における現在の就業形態（４分類）について、母子世帯は「正社員」(43.0%）の割合がもっとも高く、「パート・アルバイト」(29.7%) がそれに次ぐ。一方、ふたり親世帯の場合、「パート・アルバイト」(36.0%) の割合がもっとも高く、「無職」(26.9%)がそれに次いで、「正社員」が 23.5%しかない。母子世帯に比べて、ふたり親世帯の母親の正社員比率は 19 ポイント低い（表５－３－１a)。

母親の就業率と正社員比率がともに７年前の第１回調査時より上昇している。就業率は、７年前に比べて母子世帯が６ポイント、ふたり親世帯が 12 ポイント上がり、ふたり親世帯の上昇幅が比較的大きい（図５－３－１a)。正社員比率は、７年前に比べて母子世帯が 10 ポイント、ふたり親世帯が６ポイント上がっている（図５－３－１b)。ただし、母子世帯の正社員は、中途採用が圧倒的に多い（74.3%）のに対して、ふたり親世帯の正社員は新卒採用が過半数（50.7%）を占めており、後者はより恵まれた雇用条件にいる者が多い。

出生コホート別の就業状態をみると、母子世帯ではコホートごとの就業率の差異はあまりみられないものの、ふたり親世帯の場合は 1980 年以降出生の若年コホート（38 歳以下層）の就業率が他のコホートに比べて 10 ポイント以上低くなっている。正社員比率については、母子世帯では壮年コホート（1970 年代生まれ、39～48 歳層)、ふたり親世帯では若年コホート（1985 年以降生まれ、33 歳以下層）がもっとも高い（表５－３－１b 上段)。

学校卒業年別で比較すると、新卒労働市場が特に冷え込んでいた時期に学卒期を迎えた世代（1993～2004 年卒とされる)、いわゆる「氷河期世代」の正社員比率は、2005 年以降に学卒期を迎えた「ポスト氷河期世代」に比べて芳しくない状況にある。例えば、ふたり親世帯の場合、「氷河期世代」と比べて、「ポスト氷河期世代」の正社員比率が 12 ポイント高い（表５－３－１b 下段)。こうした現象の背後に、ポスト氷河期世代がより恵まれた労働市場の恩恵を受けている「コホート効果」に加え、若い層ほど正規雇用からの脱退が少ないといった「年齢効果」や、女性の就業継続率が近年高まっているといった「時代効果」が同時に影響していると考えられる。

表５－３－１a　現在の就業形態

	母子世帯	父子世帯	ふたり親世帯（母親）
N	653	54	1,218
正社員	43.0	70.4	23.5
パート・アルバイト	29.7	1.9	36.0
契約・派遣社員等※	16.9	20.4	13.6
無職	10.4	7.4	26.9
合計	100.0	100.0	100.0

※日雇い、自営業、内職、その他就業形態が含まれている。

図５－３－１a　母親における就業率の推移（%）

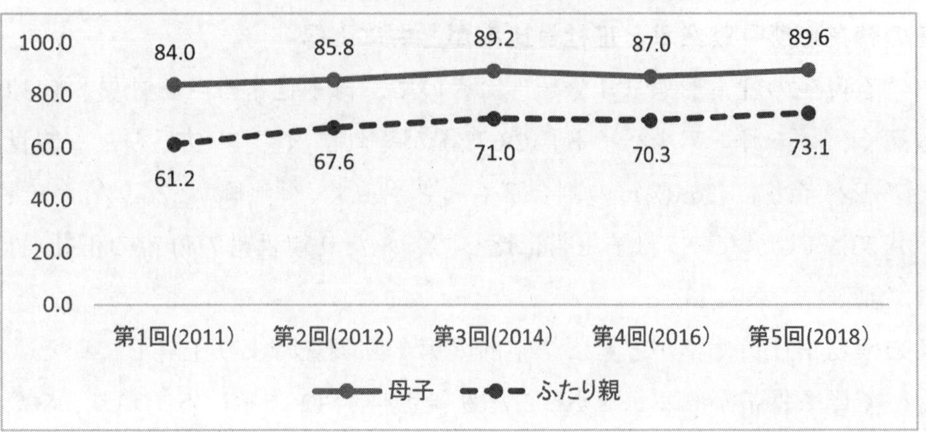

図５－３－１b　母親における正社員比率の推移（%）

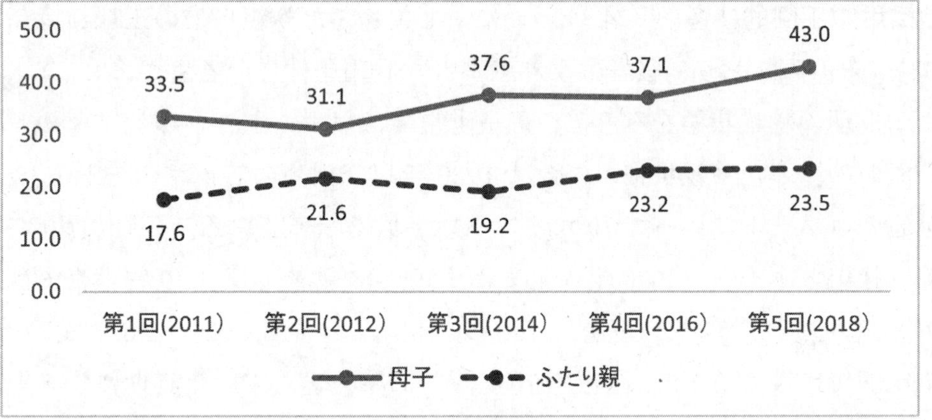

注：無職の母親、就業形態不詳を含めた集計結果である。

表５－３－１b　出生コホート・学校卒業年別、母親の就業率と正社員比率

	母子世帯			ふたり親世帯		
	N	就業率	正社員比率	N	就業率	正社員比率
出生コホート						
1969年以前	86	88.4	41.9	175	79.4	20.6
1970～74年	168	90.5	45.2	275	77.5	21.5
1975～79年	154	87.0	46.1	318	76.4	22.6
1980～84年	141	91.5	41.8	262	64.9	22.1
1985年以降	104	90.4	37.5	188	66.5	32.5
学校卒業年						
92年以前（～バブル世代）	204	88.2	39.7	336	77.7	19.4
93～2004年（氷河期世代）	338	90.2	44.1	681	73.1	23.1
2005年以降（ポスト氷河期世代）	71	90.1	47.9	163	63.8	35.0

注：学校卒業年は、出生年と学歴から逆算された数値である。正社員比率は、母親全体（無職・就業形態不詳を含む）に占める正社員の割合である。

（２）夫婦の就業状態―男女役割分業「従来型標準カップル」は約７割

ふたり親世帯における夫婦の就業形態をみると、「正社員夫と非正規妻」カップルは全体の39.2%を占めており、割合がもっとも高い。「正社員夫と無職妻」カップルが、それに次ぐ多さ（21.8%）である。これらに「自営業夫と非正規・無職妻」カップル(8.5%)を加えると、「夫は外で働き、妻が家庭を守る」という男女役割分業が明確である「従来型標準カップル」は、全体の約７割(69.4%)を占めることになる（表５－３－２）。

一方、近年増えているとされる「夫婦とも正社員」のカップルも、全体の約２割（19.7%）を占めている。そこに「自営業夫と正社員妻」カップル(2.1%)が加えられると、２割強(21.8%)のカップルは夫婦ともに恵まれた就業状況にあることが分かる。それとは対照的に、「夫婦とも非正規または無職」のカップルも、15 世帯に１世帯の割合（6.6%）でいる。

カップルの種類別に、家庭の経済状況を比較すると、夫婦ともに恵まれた就業状況にある「正規同士カップル」は、貧困率（2.7%）が低く、経済的困窮を感じている世帯がほとんどいない。一方、夫婦とも非正規または無職の「非正規同士カップル」は、貧困率が 26.5%に達しており、経済的困窮を感じている世帯の割合もその他の世帯に比べて顕著に高い（図５－３－２a)。

非正規同士カップルに比べて、正規同士カップルは、「夫婦とも高学歴」の割合が著しく高い（61.2%vs.22.9%)。また、政令指定都市・東京特別区といった大都市に居住している割合もやや高くなっている（25.0%vs.21.7%）（図５－３－２b)。

表５－３－２　夫婦の就業形態

		妻					
		正社員	パート	契約・派遣社員等	無職	不詳	合計
夫	正社員	19.7	30.0	9.2	21.8	0.2	80.8
	自営業	2.1	2.4	3.3	2.8	0.0	10.5
	非正社員	1.0	***1.4***	***0.6***	***0.8***	***0.0***	3.8
	無職	0.3	***0.5***	***0.1***	***0.3***	***0.1***	1.3
	不詳	0.7	***1.2***	***0.7***	***1.0***	***0.0***	3.6
	合計	23.8	35.4	13.8	26.7	0.2	100.0

正規同士カップル 21.8%

従来型標準カップル 69.4%

非正規同士カップル 6.6%

注：ふたり親世帯（N=1,267）に関する集計結果。

図５－３－２a　カップルの種類別、経済的困窮を抱える世帯の割合（%）

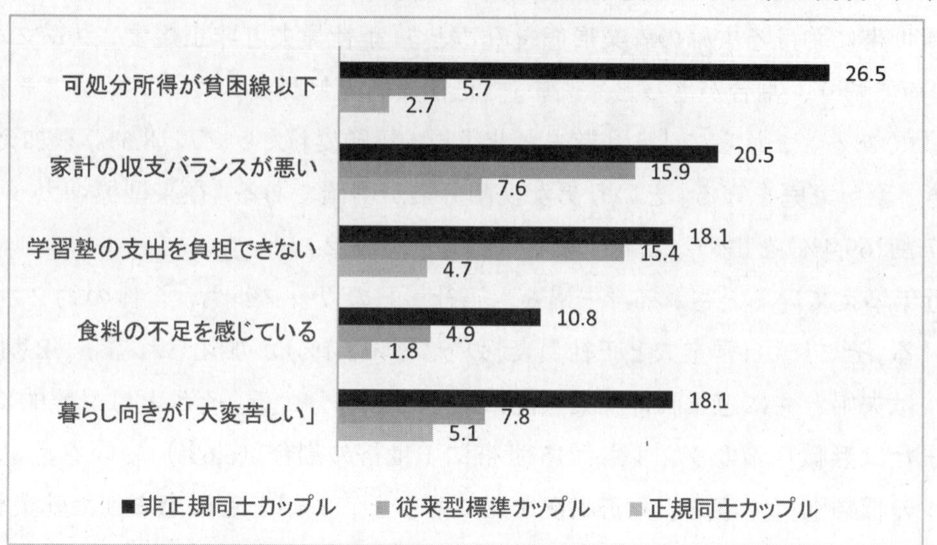

注：「正規同士カップル」（N=276）：夫婦とも正社員（※夫が自営業のケースを含む）、「非正規同士カップル」（N=83）：夫婦とも非正規または無職、「従来型標準カップル」（N=879）：夫が正社員または自営業、妻が非正規または無職。

図５－３－２b　カップルの種類別、平均属性の比較（%）

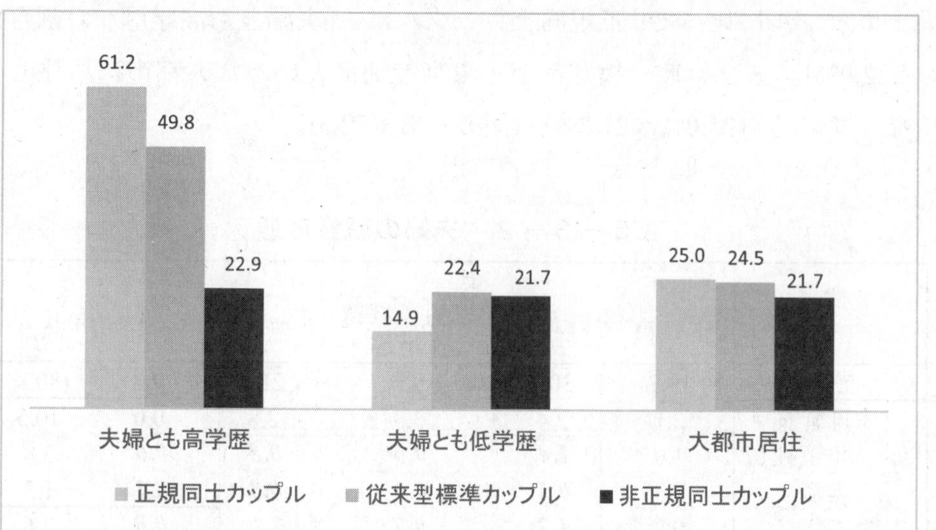

注：ここでの「高学歴」と「低学歴」は、それぞれ「短大高専卒以上の学歴」、「中学校・高校卒の学歴」を指している。「大都市」とは、政令指定都市・東京特別区のことである。

（３）初職の正規雇用―若いコホートほど比率が低下

最終学校を卒業した後に最初に就いた仕事（初職）が正社員だった割合は、母子世帯60.6%、父子世帯74.1%、ふたり親世帯（母親）75.4%となっている（表５－３－３a）。母親の初職正社員比率は、７年前より５ポイント（ふたり親世帯）～13ポイント（母子世帯）下がっている（図５－３－３a）。

初職の正規雇用における世代間格差が大きい。初職正社員比率を比較すると、「1969年以前」出生コホートが８～９割でもっとも高く、次いで1970年代出生コホート６～８割、1980年以降出生コホートが４～７割で一番低い。若いコホートほど初職正社員比率が総じて低下する傾向が見られる（表５－３－３b）。

そのほか、初職の正規雇用における学歴間格差も顕著である。学歴が高ければ高いほど、初職の正社員比率が高い。例えば、ふたり親世帯の母親の場合、初職正社員比率は、中学校卒が8.1%、高校卒が69.5%、短大等卒が80.5%、大学卒が83.7%となっており、学歴と初職正社員比率の間に線形の関係が見られる（図５－３－３b）。

表５－３－３a　初職の就業形態

	母子世帯	父子世帯	ふたり親世帯（母親）
N	653	54	1,218
正社員	60.6	74.1	75.4
パート・アルバイト	24.7	13.0	12.5
契約・派遣社員等※	11.2	11.1	9.3
不詳	3.5	1.9	2.9
合計	100.0	100.0	100.0

※働いた経験のない人を含む。

表５－３－３b　出生コホート・学校卒業年別、母親の初職が正社員の割合

	母子世帯	ふたり親世帯
出生コホート		
1969年以前	80.2	88.6
1970～74年	73.2	85.1
1975～79年	64.3	72.6
1980～84年	42.6	67.9
1985年以降	43.3	63.8
学校卒業年		
92年以前（～バブル世代）	76.5	85.4
93～2004年（氷河期世代）	52.4	72.1
2005年以降（ポスト氷河期世代）	59.2	71.8
ポスト氷河期世代Ⅰ（08～11年）	47.4	71.2
ポスト氷河期世代Ⅱ（08～11年以外）	63.5	72.2

図５－３－３a　母親の初職が正社員の割合の推移（%）

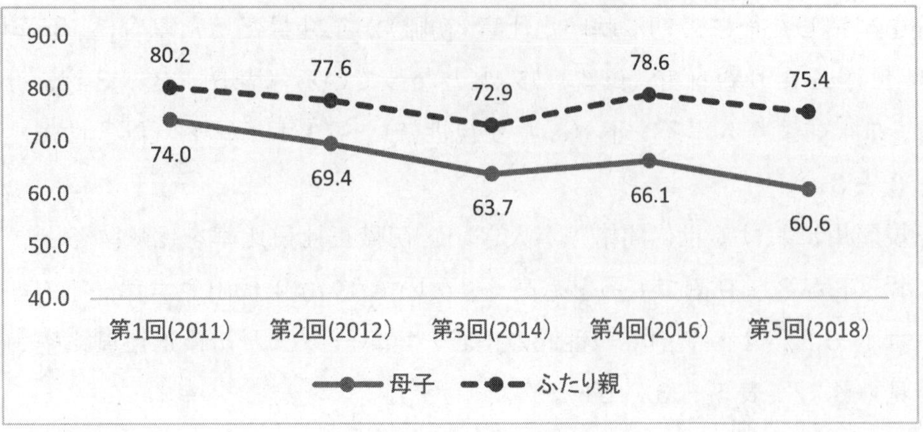

図５－３－３b　学歴別、母親の初職が正社員の割合（%）

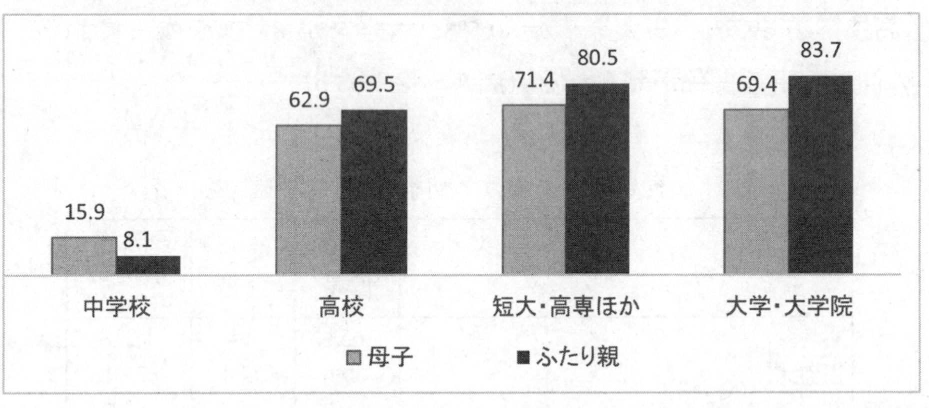

（４）母親の就業時間―フルタイム就業の母親が前回調査より減少

週あたりの就業時間（残業時間を含む）が 30 時間以上のフルタイム（FT）就業者の割合は、母子世帯 67.8%、ふたり親世帯 35.6%である。フルタイム就業している母親の割合は、前回調査よりやや低下しているが、第１回（2011）調査より 3 ポイント上昇している（ふたり親世帯）（図５－３－４a）[3]。

母子世帯の場合、末子の年齢層は就業率にあまり影響しないが、就業時間には一定の影響を与えている。末子が「0～2 歳」層では、母親のフルタイム就業率（61.0%)が６割程度しかないが、末子が 3 歳以上になると、母親のフルタイム就業率が７割程度に上昇する。乳幼児を抱えている母子世帯の多くは、就業時間の調整で仕事と子育てのバランスを図ろうとしていることが分かる（図５－３－４b)。

一方、ふたり親世帯の場合、末子の年齢層が主に影響しているのは、母親の就業率である。母親の無業率（就業 0 時間）は、末子が「0～2 歳」層では 39. 5%、「3～5 歳」層では 33.7%、「6～14 歳」層では 21.4%、「15～17 歳」層で 16.6%となっており、末子との年齢と母親の就業率との間に線形の関係が見られる。一方、母親のフルタイム就業率は、末子の年齢にかからず、３分１程度の水準を維持している（図５－３－４c)。

そのほか、母親の学歴も就業時間に影響している。高学歴の母親は、総じてフルタイム就業率が高くなっている（表５－３－４）。

図５－３－４a　週 30 時間以上（FT）就業している母親の割合の推移（%）

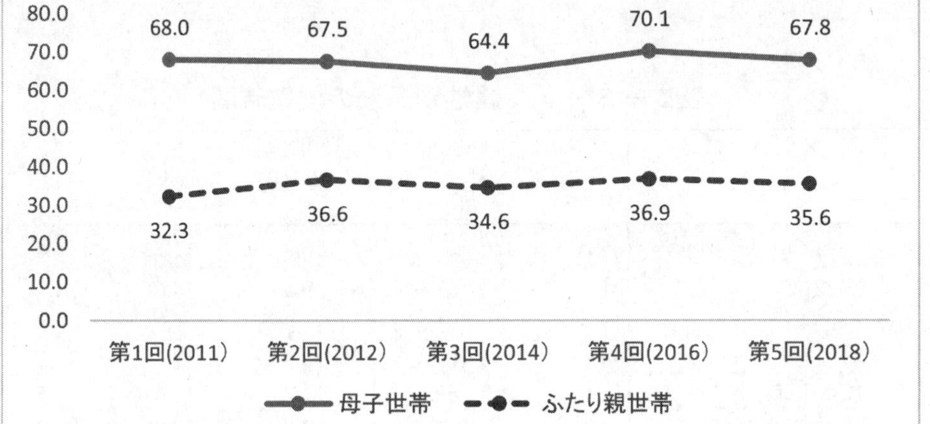

注：無職の母親、就業時間不詳を含めた集計結果である。

---

[3] 国の公式調査からも同様な傾向が確認できる。2012 から 2017 年までの 5 年間に、「夫婦と子供から成る世帯」および「夫婦、子供と両親からなる世帯」における妻(65 歳未満)の有業率が８ポイント上昇（60.5%→68.8%）しているが、「仕事が主な者」が全体に占める割合が５ポイントの増加（28.5%→33.5%）に止まっている（出所：「平成 24 年就業構造基本調査（第 b220 表）」、「平成 29 年就業構造基本調査（第 a248 表）より筆者が再集計」）。

図５－３－４b　末子の年齢別、母親の就業時間（%）　－母子世帯

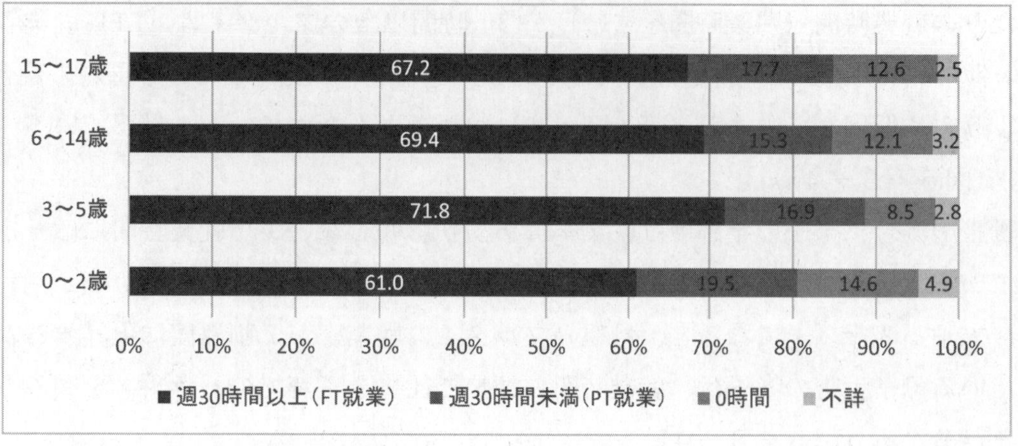

図５－３－４c　末子の年齢別、母親の就業時間（%）　－ふたり親世帯

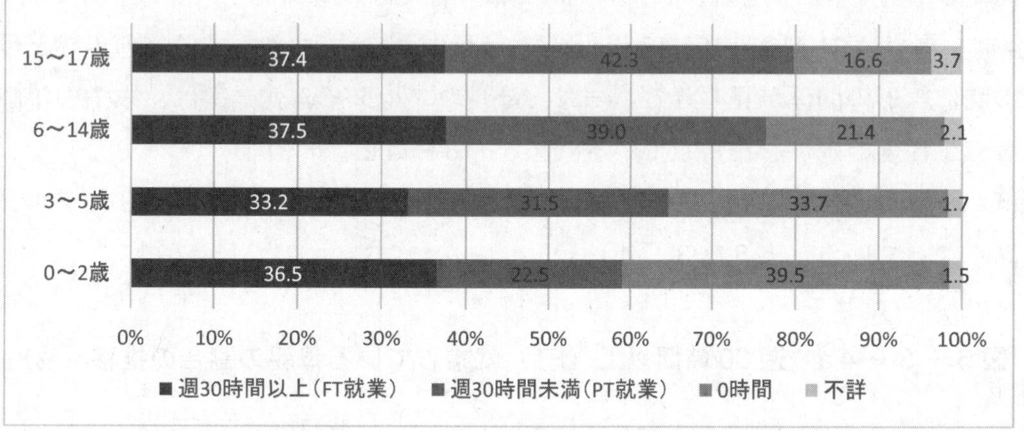

表５－３－４　属性別母親の就業時間

		N	週30時間以上（FT就業）	週30時間未満（PT就業）	0時間	不詳	合計
母子世帯		653	67.8	16.2	11.5	4.4	100
末子の年齢層別	0～2歳	41	61.0	19.5	14.6	4.9	100.0
	3～5歳	71	71.8	16.9	8.5	2.8	100.0
	6～14歳	346	69.4	15.3	12.1	3.2	100.0
	15～17歳	119	67.2	17.7	12.6	2.5	100.0
母親の学歴別	中学校・高校	344	64.8	17.7	12.8	4.7	100.0
	短大・高専・専修学校他	220	70.5	18.2	10.5	0.9	100.0
	大学・大学院	49	83.7	2.0	8.2	6.1	100.0
ふたり親世帯		1,218	35.6	33.8	27.9	2.7	100
末子の年齢層別	0～2歳	271	36.5	22.5	39.5	1.5	100.0
	3～5歳	181	33.2	31.5	33.7	1.7	100.0
	6～14歳	477	37.5	39.0	21.4	2.1	100.0
	15～17歳	163	37.4	42.3	16.6	3.7	100.0
母親の学歴別	中学校・高校	381	29.1	42.5	26.5	1.8	100.0
	短大・高専・専修学校他	493	38.7	28.4	30.2	2.6	100.0
	大学・大学院	306	39.2	33.0	25.8	2.0	100.0

（５）父親の就業時間—60 時間超えの場合は母親の就業率が下がる

父親の週あたり平均就業時間（残業時間を含む）は、父子世帯 38.6 時間、ふたり親世帯 48.1 時間である。そのうち、30 時間未満のパートタイム就業者の割合が、父子世帯（18.5%）はふたり親世帯（9.7%）の約２倍である（表５－３－５a）。

ふたり親世帯の場合、夫の就業時間が 60 時間を超えると、妻のフルタイム就業率が顕著に低下する。夫の就業時間が 60 時間以下であれば、妻のフルタイム就業率がおおむね４割前後で推移しているのに対して、60 時間を超えると、妻のフルタイム就業率が３割に急落している。同様に、夫の就業時間が 60 時間を超えると、妻の無職率が明らかに高い（表５－３－５b、図５－３－５a）。

父親の就業時間が「規則的」または「おおむね規則的」と回答した世帯は、父子世帯が 64.8%、ふたり親世帯が 69.3%である。ふたり親世帯の父親の就業時間が比較的規則的である（図５－３－５b）。

一方、夫の就業時間の不規則性が、妻の無職率とは正の相関関係が見られるが、妻の就業時間（フルタイム就業率）とは連動していないようである（図５－３－５c）。

表５－３－５a　父親の週あたり就業時間数

	N	30時間未満	30～40時間	41～50時間	51～55時間	56～60時間	60時間超え	不詳	合計	平均（時間）	標準偏差
父子世帯	54	18.5	18.5	38.9	1.9	5.6	5.6	11.1	100.0	38.6	18.9
ふたり親世帯（父親）	1,267	9.7	16.3	32.4	4.9	13.8	11.9	11.1	100.0	48.1	18.7

注：ふたり親世帯は父親回答（N＝49）の標本も含まれている。

表５－３－５b　夫婦の就業時間数

		妻				
		30時間以上（FT就業）	30時間未満（PT就業）	0時間	不詳	合計
夫	40時間以下	9.7	9.3	6.0	1.0	26.0
	41～50時間	13.3	10.0	8.5	0.6	32.4
	51～60時間	7.0	6.7	5.0	0.1	18.7
	60時間超え	3.5	3.6	4.6	0.3	11.9
	不詳	2.9	3.6	3.7	0.8	11.1
	合計	36.3	33.2	27.7	2.8	100.0

図５－３－５a　夫の就業時間数別、妻の FT 就業率と無職率（%）

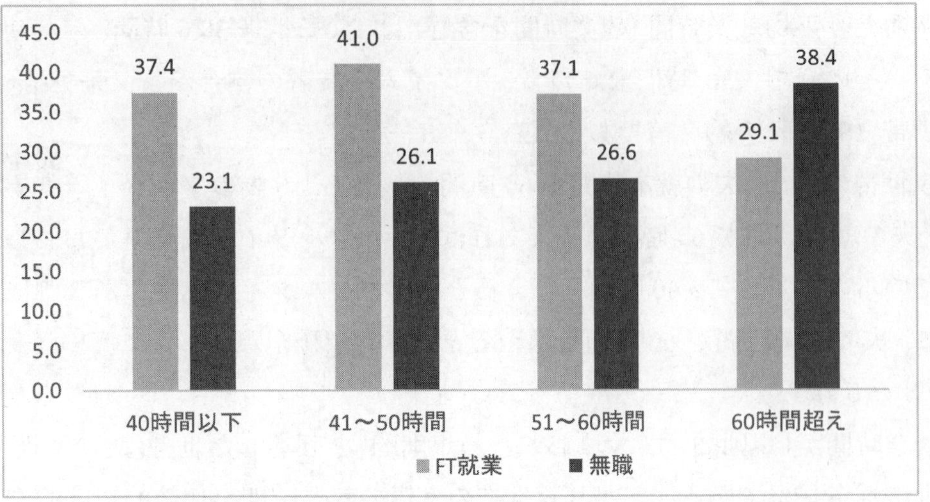

図５－３－５b　父親の就業時間の規則性（%）

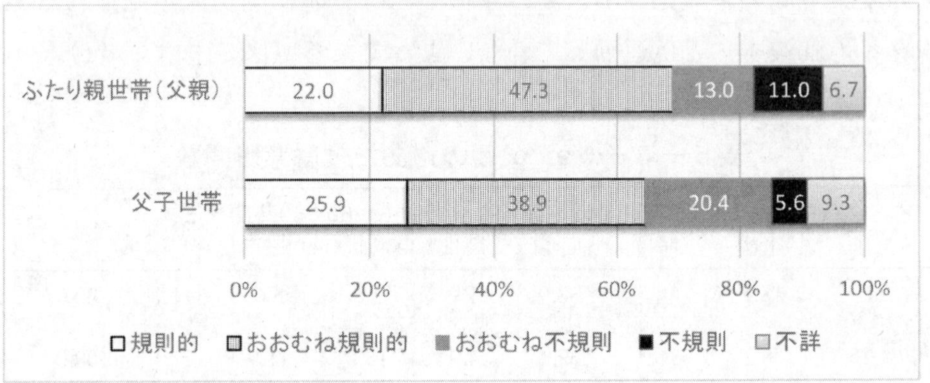

図５－３－５c　夫の就業時間の規則性別、妻の FT 就業率と無職率　（%）

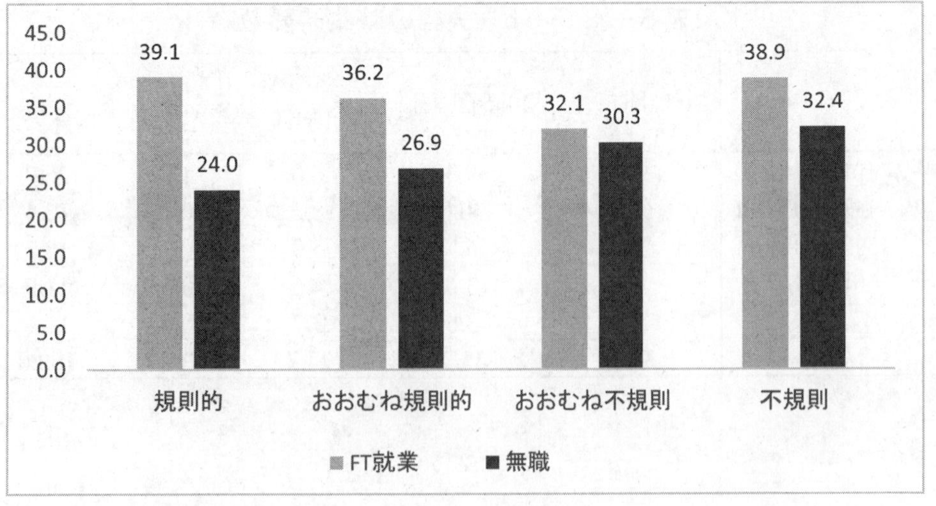

（6）母親の就業収入―パート主婦の 16%は就業時間調整ゾーン

母親の平均就業年収は（税込）は、母子世帯 234.2 万円、ふたり親世帯 143.5 万円である。そのうち、女性の経済的自立ラインとされる 300 万円以上の収入を得ている者の割合は、母子世帯が 24.7%、ふたり親世帯が 15.1%である（表５－３－６a、表５－３－６b）。

母親の平均就業年収は、第１回調査以来、上昇基調が続いている。ふたり親世帯に比べて、母子世帯の方は、母親の収入上昇幅が大きい（図５－３－６a）。母親の正社員比率の上昇幅は、母子世帯が 10 ポイントであり、ふたり親世帯の約２倍の大きさに当たることが原因の１つとして考えられる（36 頁、図５－３－１b）。

母親の就業年収の中央値が、ふたり親世帯は前回調査より５万円ほど上がっているが、母子世帯は 200 万円で前回調査と同じである（図５－３－６b）。「平均値が顕著に上昇したが、中央値に変化なし」ということは、母子世帯の就業収入における内部格差が拡大している可能性が示唆される。

非正規・パートとして働く有配偶の母親、いわゆる「パート主婦」の約７割（67.8%）は、夫の住民税･所得税の配偶者控除の収入限度額である 103 万円以内で働いている。そのうち、就業時間調整の疑いが濃厚である「100～103 万円」ゾーンで働いている母親は、16.4%である。社会保険料負担が免除される「第３号被保険者」の収入限度額である 130 万円以内で働く者と合わせると、「パート主婦」の４分の３は、いずれかの限度額内に収まる収入額で働いている。一方、夫の住民税・所得税の配偶者特別控除がなくなる 201 万円超で働くパート主婦はわずか 8.7%である（図５－３－６c）。

表５－３－６a　母親の就業年収（税込）の分布

	N	収入なし	100万円未満	100～200万円未満	200～300万円未満	300～400万円未満	400万円以上	不詳	合計	平均（万円）	標準偏差	（再掲）300万円以上
母子世帯	653	6.4	10.7	19.6	21.4	11.8	12.9	17.2	100.0	234.2	198.5	24.7
ふたり親世帯	1,267	23.7	19.3	16.8	7.7	5.4	9.7	17.4	100.0	143.5	177.0	15.1

表５－３－６b　母親の就業年収（税込）のパーセンタイル分布（単位：万円）

	N	平均値	10%	25%	50%（中央値）	75%	90%
（母子世帯）							
第1回(2011)	584	172.6	0	50	148	250	400
第2回(2012)	508	194.6	5	90	170	257.5	400
第3回(2014)	564	225.7	1	90	180	290	450
第4回(2016)	560	215.8	0	98	200	300	450
第5回(2018)	541	234.2	18	103	200	300	480
（ふたり親世帯）							
第1回(2011)	1,170	115.8	0	0	60	150	350
第2回(2012)	1,283	135.0	0	0	80	200	400
第3回(2014)	1,147	121.3	0	0	78	150	350
第4回(2016)	1,168	138.4	0	0	85	200	400
第5回(2018)	1,047	143.5	0	0	90	200	400

図５－３－６a　母親の就業年収（税込）の平均値の推移（単位：万円）

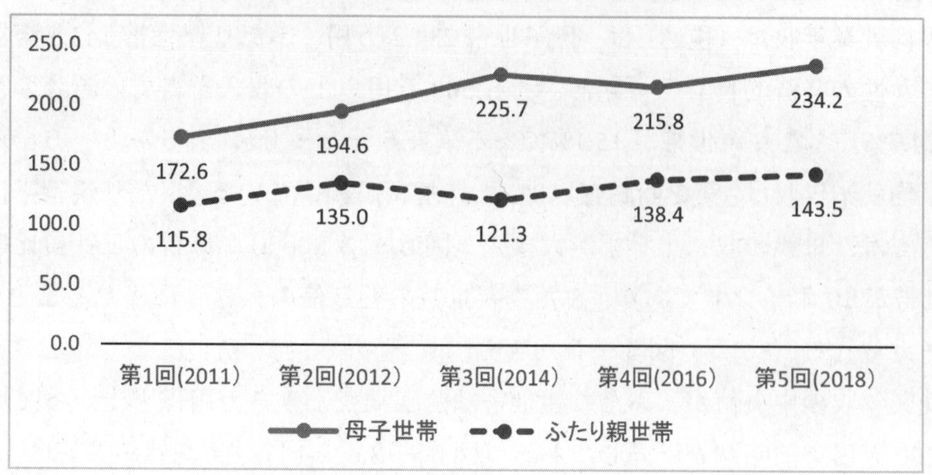

図５－３－６b　母親の就業年収（税込）の中央値の推移（単位：万円）

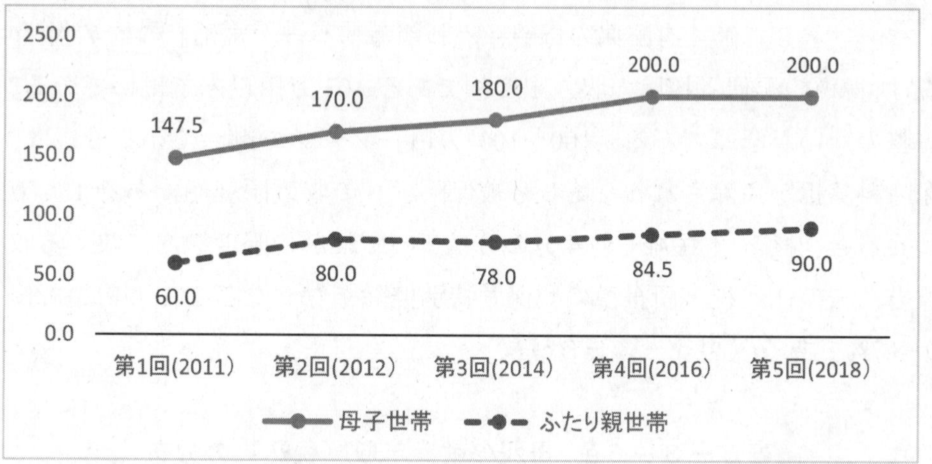

図５－３－６c　有配偶の有業女性の収入構成（%）、不詳を除く

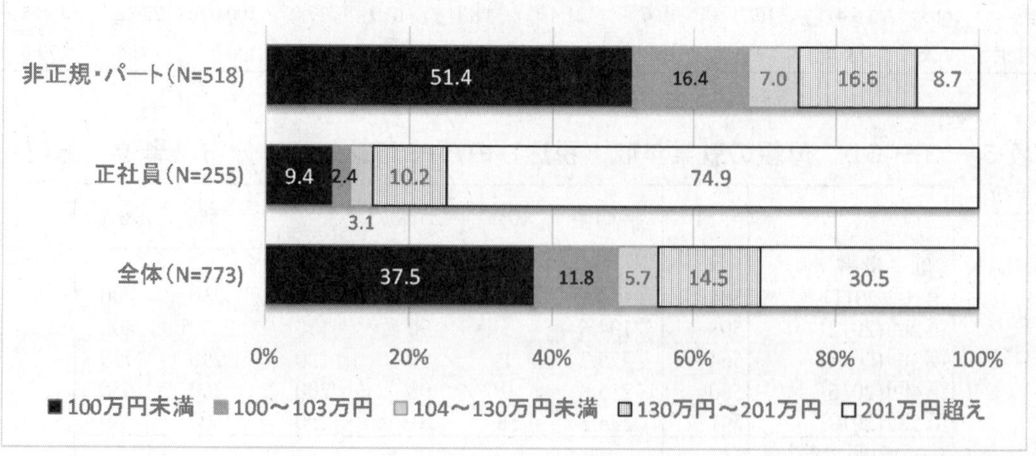

（7）父親の就業収入—500万円以上は半数割れ

父親の平均就業年収は（税込）は、父子世帯524.7万円、ふたり親世帯556.4万円となっている。そのうち、中流の暮らしを期待できる収入ラインとされる500万円以上の収入を得ている者の割合は、父子世帯が24.1%、ふたり親世帯が43.4%である（表5－3－7）。

父親の平均就業年収は母親の年収と同様に、第1回調査以来、上昇基調が続いている。ふたり親世帯の場合、父親の平均就業年収は、過去の7年間で2割増加している。父子世帯の父親も、平均年収が423.1万円から524.7万円に増え、24.0%の上昇である（図5－3－7a）。

表5－3－7　父親の就業年収（税込）の分布

	N	収入なし	300万円未満	300～500万円未満	500～800万円未満	800万円以上	不詳	合計	平均（万円）	標準偏差	再掲)500万円以上
父子世帯	54	3.7	16.7	35.2	13.0	11.1	20.4	100.0	524.7	756.5	24.1
ふたり親世帯	1,267	0.9	8.7	23.7	28.7	14.7	23.4	100.0	556.4	332.0	43.4

図5－3－7a　父親の就業年収（税込）の平均値の推移（単位：万円）

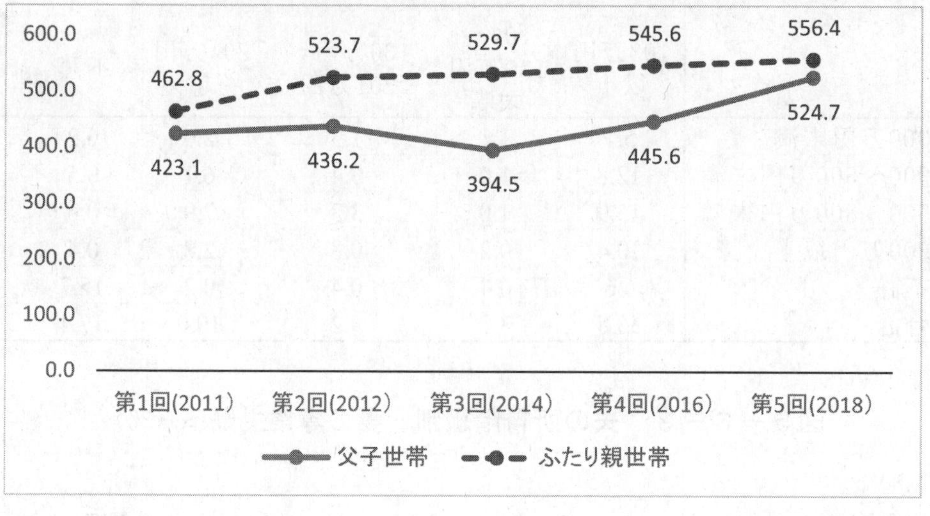

（８）夫婦の就業収入―夫年収「800 万円以上」層で専業主婦率が上がる

ふたり親世帯における夫婦の就業収入の組み合わせをみると、「夫 500～800 万円未満、妻 103 万円以下」のカップルは全体の 15.9%を占めており、割合がもっとも高い。「夫 300～500 万円未満、妻 103 万円以下」カップルが、それに次ぐ多さ（12.8%）である。「夫 800 万円以上、妻 103 万円以下」カップルが３番目に多い（10.4%）。あらゆる収入階層の夫に、103 万円以内で働く妻の割合が圧倒的に多いことがわかる（表５－３－８）。

夫の所得階級４分類別、妻の専業主婦率を比較すると、夫年収「800 万円以上」層では、専業主婦率が明らかに高くなっているが、それ以外の層ではそれほどの差異が見られない。「第３号被保険者」の収入限度額である 130 万円以内で働く妻、いわゆる「準専業主婦」を含めると、その傾向が一層鮮明に出てくる。夫年収「800 万円以上」層では、妻の（準）専業主婦率が 72.6%となっているが、それ以外の収入階級ではおおむね６割前後である（図５－３－８）。

表５－３－８　夫婦の就業年収（税込）

		妻					
		103万円以下	104～130万円未満	130万円～201万円	201万円を超え	不詳	合計
夫	300万円未満	5.1	1.1	1.3	2.0	0.2	9.6
	300～500万円未満	12.8	1.0	3.4	6.1	0.5	23.7
	500～800万円未満	15.9	1.0	3.3	7.9	0.6	28.7
	800万円以上	10.4	0.2	0.8	2.8	0.4	14.7
	不詳	6.6	0.4	0.4	0.2	15.7	23.4
	合計	50.8	3.7	9.2	19.0	17.4	100.0

図５－３－８　夫の所得階級別、妻の専業主婦率（%）

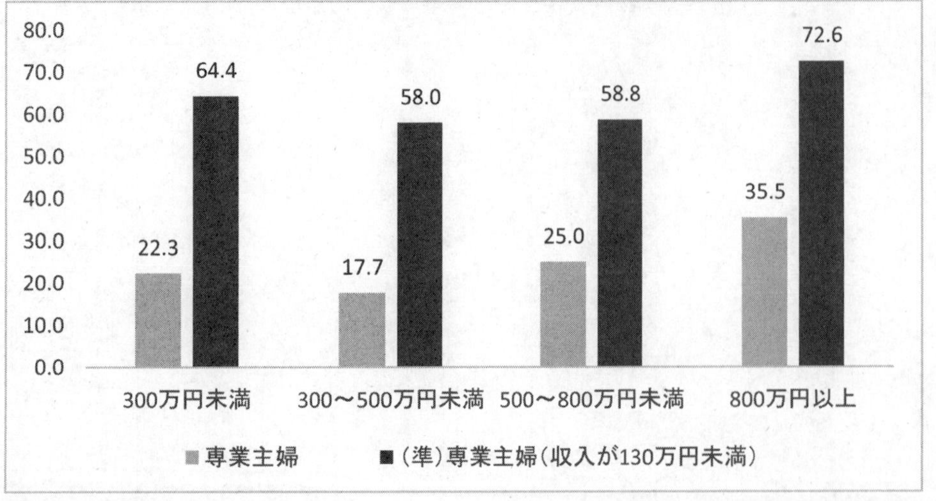

（9）第１子出産後の就業継続率―緩やかに上昇

第１子の妊娠・出産後に「就業継続」した母親は、母子世帯が 36.3%、ふたり親世帯が 35.1% である。そのうち、育休利用しての就業継続者の割合は、ふたり親世帯が 18.1%で、母子世帯より３ポイント高い（表５－３－９）。

母親の就業継続率が、調査開始以来、緩やかに上昇している。４年前の第３回調査に比べ、母子世帯とふたり親世帯がいずれも３ポイント上昇している（図５－３－９a）。

「(就業) 継続あり」のグループでは、母親の初職正社員比率と高学歴層の割合が比較的高い。「継続なし」グループでは、初職正社員比率は母子世帯 58.5%、ふたり親世帯 76.0%であるのに対して、「継続あり」グループでは該当比率は 70.3%（母子世帯）と 80.5%（ふたり親世帯）になっている。高学歴層の割合についても、「継続あり」グループの優位性が見られる（図５－３－９b）。

また、ふたり親世帯に限って、「継続あり」グループでは、新卒労働市場が活況になり始める 2005 年以降に学卒期を迎えた「ポスト氷河期世代」の割合が高くなっている。「継続あり」と「継続なし」グループの平均年齢はほぼ同じであるにもかかわらず、ポスト氷河期世代の割合が、「継続あり」グループでは 16.8%となっており、「継続なし」グループより５ポイントも高い。

表５－３－９　第１子出産後における母親の就業変化（%）

	N	就業継続（育休利用）	就業継続（育休なし）	出産退職	妊娠前から無職	その他・不詳	合計	再掲）就業継続
母子世帯	653	15.5	20.8	42.4	16.4	4.9	100.0	36.3
ふたり親世帯	1,218	18.1	17.0	41.9	18.1	4.9	100.0	35.1

注：調査では、「妊娠判明直前」（t1）、「出産３ヵ月後」（t2）および「出産１年後」（t3）の母親の就業状況についてたずねている。各コースの定義は以下の通りである。
「就業継続」：t1-t3 のいずれの時期においても、母親が有業（育児休業を含む）。
「出産退職」：t1 期で母親が有業であるが、t2 期または t3 期で母親が無業に転じる。
「妊娠前から無職」：t1 期で母親が無業である。

図５－３－９a　第１子出産後の母親の就業継続率の推移（%）

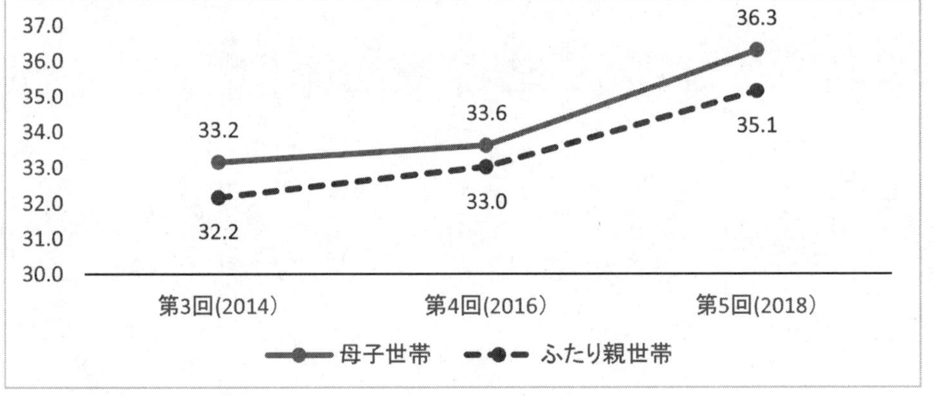

注：妊娠前から無職、不詳等を含む集計結果。

図５－３－９b　第１子出産前後に就業継続の有無別、母親の属性（%）

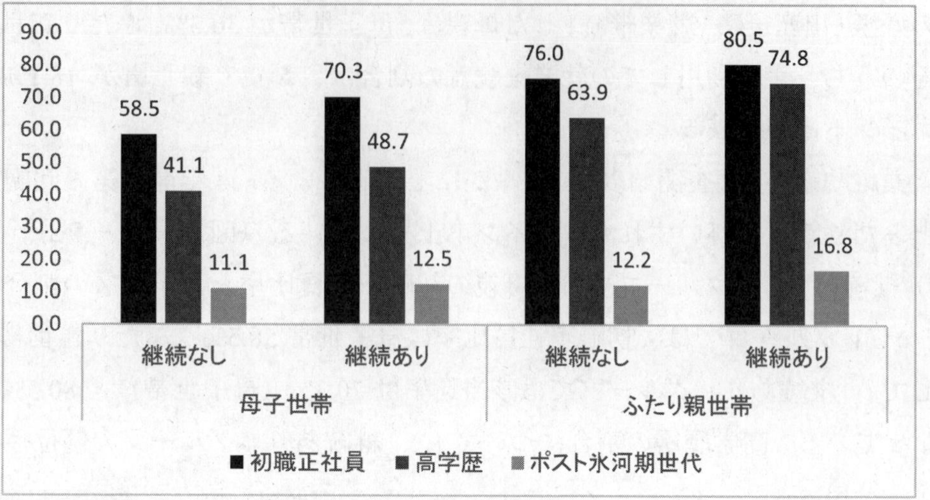

注：ポスト氷河期世代とは、2005 年以降に学卒期を迎えた世代のことである。「継続あり」と「継続なし」グループの平均年齢はいずれも 40～41 歳前後である。

（１０）就業継続と現在の雇用状況—雇用条件を取るか第２子出産か

第１子出産後の就業継続の有無は、母親のキャリアライフに中長期的な影響を及ぼす可能性が高い。表５－３－１０は、第１子出産後に就業継続の有無別に、母親における現在の雇用状況を比較したものである。

「継続あり」グループは、総じて就業率と正社員比率が高く、大企業に勤務する者が多く、平均年収が高いのが特徴である。そのうち、もっとも顕著の格差が出ているのは、正社員比率と年収水準である。例えば、中途採用で正社員になる者が少ないふたり親世帯の母親の場合、「継続あり」グループの正社員比率が５割に達しているが、「継続なし」グループの正社員比率が１割も満たない水準(9.1%)である。また、女性の経済的自立ラインとされる 300 万円以上の年収を稼いでいる者の割合も、「継続あり」グループが 30.8%（母数に収入不詳者を含む）となっており、「継続なし」グループ（5.9%）を大きく引き離している（表５－３－１０）。

ただし、「継続あり」グループはより良い雇用状況を得ている反面、子ども数がやや少ない。例えば、子どもが１人しかない者の割合は、「継続あり」グループが 25.5%（ふたり親世帯）～42.1%（母子世帯）となっており、「継続なし」グループより６ポイント（ふたり親世帯）～１１ポイント（母子世帯）高い。第１子出産後に就業を継続するために、第２子の出産をあきらめた母親が相当数いることがうかがわれる（図５－３－１０）。

表５－３－１０　第１子出産後に就業継続の有無別、現在の就業状況

	母子世帯			ふたり親世帯（母親）		
	継続なし	継続あり	全体	継続なし	継続あり	全体
就業率	88.0	92.4	89.6	63.3	91.1	73.1
正社員	34.6	57.8	43.0	9.1	50.0	23.5
就業年収300万円以上	16.1	39.7	24.7	5.9	30.8	14.7
官公庁・300人以上大企業勤務	18.3	24.7	20.7	19.0	32.1	24.7
N	416	237	653	790	428	1,218

図５－３－１０　第１子出産後に就業継続の有無別、子ども数　(%)

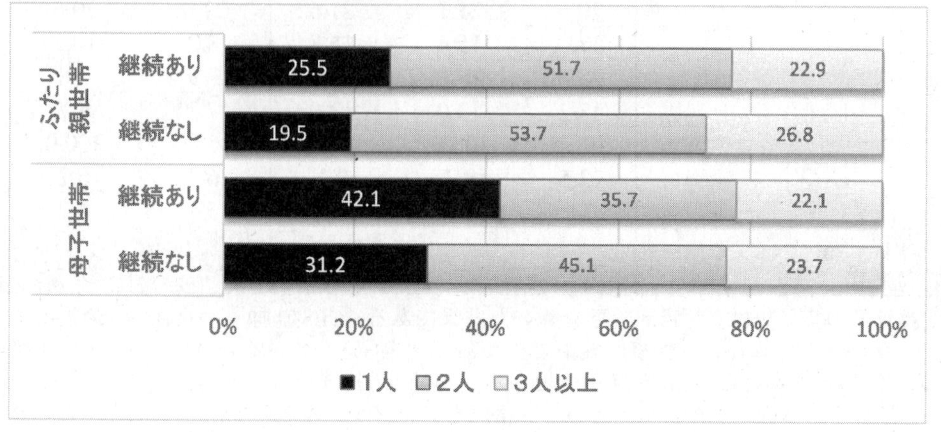

（１１）就業と健康—無業母子世帯の２人に１人が抑うつ傾向

自分の健康状態が、「あまり良くない」または「良くない」と回答した者の割合は、無業母親が 10.1%（ふたり親世帯）〜39.7%（母子世帯）、有業母親が 6.0%（ふたり親世帯）〜18.1%（母子世帯）となっている。ふたり親世帯の母親と比べて、母子世帯の母親、とくに無業母子世帯は健康状態が悪いことが分かる。（表５－３－１１a）。

精神的健康度の指標である CES-D 得点をみると、CES-D 得点が 11 点以上で「抑うつ傾向あり」とされる母親の割合では、母子世帯がふたり親世帯の２倍の高さである。ふたり親世帯については、母親の精神的健康度は、有業者と無業者の間に差がほとんどない。一方、母子世帯の場合、無業者の精神的健康度が有業者に比べてかなり悪い状態であることが分かる。無業母子世帯の２人に１人（49.2%）という高い割合で抑うつの傾向が見られる（表５－３－１１b）。

表５－３－１１a　就業有無別、母親の主観的健康状態

	母子世帯			ふたり親世帯		
	無業	有業	全体	無業	有業	全体
N	68	585	653	328	890	1,218
良い	14.7	22.6	21.8	37.2	32.8	34.0
まあまあ良い	13.2	22.9	21.9	24.1	30.0	28.4
普通	30.9	32.1	32.0	26.5	28.0	27.6
あまり良くない	26.5	17.1	18.1	9.2	5.6	6.6
良くない	13.2	1.0	2.3	0.9	0.3	0.5
不詳	1.5	4.3	4.0	2.1	3.3	3.0
合計	100.0	100.0	100.0	100.0	100.0	100.0
再掲）あまり良くない・良くない	39.7	18.1	20.4	10.1	6.0	7.1

注：ふたり親世帯の集計値は、父親回答票を除いた結果である。

表５－３－１１b　就業有無別、母親の精神的健康度－CES-D 得点

	母子世帯			ふたり親世帯		
	無業	有業	全体	無業	有業	全体
N	68	585	653	328	890	1,218
0-3点	5.9	16.8	15.6	29.6	28.8	29.0
4〜6点	17.7	21.0	20.7	25.9	29.0	28.2
7〜10点	20.6	21.7	21.6	21.0	20.5	20.6
11〜15点	17.7	15.6	15.8	8.2	10.2	9.7
16〜30点	25.0	12.0	13.3	7.9	4.8	5.7
不詳	13.2	13.0	13.0	7.3	6.7	6.9
合計	100.0	100.0	100.0	100.0	100.0	100.0
平均(点)	12.5	8.7	9.1	6.7	6.2	6.3
標準偏差	7.6	6.2	6.4	5.7	4.7	5.0
再掲）11点以上※不詳を除く 抑うつ傾向あり	49.2	31.6	33.4	17.4	16.1	16.5

注：ふたり親世帯の集計値は、父親回答票を除いた結果である。CES-D 抑うつ尺度は、最近の１週間で「普段は何でもないことで悩む」、「物事に集中できない」、「落ち込んでいる」、「何をするのも面倒だ」等 10 項目について、「ほとんどない」（得点 0）、「1〜2 日」（得点 1）、「3〜4 日」（得点 2）、または「5 日以上」（得点 3）のどちらになるかをたずね、その合計得点をメンタルヘルスの指標とする。11 という閾値（Cutoff-point）は、米国の臨床実験結果に基づくものである。

4　家事・育児

（１）母親の家事時間数—ふたり親世帯は平均 3.5 時間

母親が平日１日当たり炊事、洗濯と掃除をこなす平均家事時間数は、母子世帯が 149 分（2.5 時間）、ふたり親世帯が 207 分（3.5 時間）となっており、ふたり親世帯の家事時間が約４割長い。また、有業母親に比べて、無業母親の家事時間が 36 分（母子世帯）～71 分（ふたり親世帯）長くなっている。そのうち、ふたり親世帯の専業主婦は３人に１人（34.9%）の割合で、１日あたり５時間以上の家事を行っている（表５－４－１）。

母親の家事時間の推移をみると、ふたり親世帯は緩やかな減少傾向が見られるが、母子世帯の家事時間にトレンド的な変化は見られない（図５－４－１a）。

家事時間数と就業時間数との間に、負の相関関係が見られるのはふたり親世帯のみである。ふたり親世帯の場合、家事時間がもっとも長いのは「無業（専業主婦）」（256 分）、次いで「週 30 時間未満（PT 就業）」（213 分）と続き、「週 30 時間以上（FT 就業）」の家事時間（166 分）がもっとも短い。一方、母子世帯は、PT 就業と FT 就業の家事時間はほぼ変わらない（図５－４－１b）。

そのほか、祖母との同居状況別母親（妻）の家事時間数をを比較してみた。母子世帯の場合、祖母と同居している者の平均家事時間は３０分ほど短い。ふたり親世帯の場合、自分の母親と同居している妻は家事時間が短くなっているが、夫の母親と同居している妻は平均家事時間がむしろ全体よりも長い（図５－４－１c）。

表５－４－１　就業有無別、母親の平日１日あたりの家事時間

	母子世帯			ふたり親世帯		
	無業	有業	全体	無業	有業	全体
N	68	585	653	338	929	1,267
120分（2時間）未満	23.5	30.9	30.2	4.7	15.6	12.7
180分（3時間）未満	25.0	27.7	27.4	12.4	26.3	22.6
240分（4時間）未満	17.7	23.6	23.0	26.3	25.3	25.6
300分（5時間）未満	10.3	7.5	7.8	19.2	15.5	16.5
300分（5時間）以上	17.7	6.8	8.0	34.9	15.7	20.8
不詳	5.9	3.4	3.7	2.4	1.6	1.8
合計	100.0	100.0	100.0	100.0	100.0	100.0
再掲）４時間以上	27.9	14.4	15.8	54.1	31.2	37.3
平均（分）	181	145	149	259	188	207
標準偏差	121	94	98	136	100	115

注：ふたり親世帯は父親回答（N＝49）の標本も含まれている。父親回答の母親の家事時間数は、母親（妻）が週休２日として、平日と休日の総家事時間数を７日で割ったものである。母親本人回答の家事時間数は、平日１日当たりの家事時間数を直接にたずねたものである。

図５－４－１a　母親の家事時間の推移（単位：分／日）

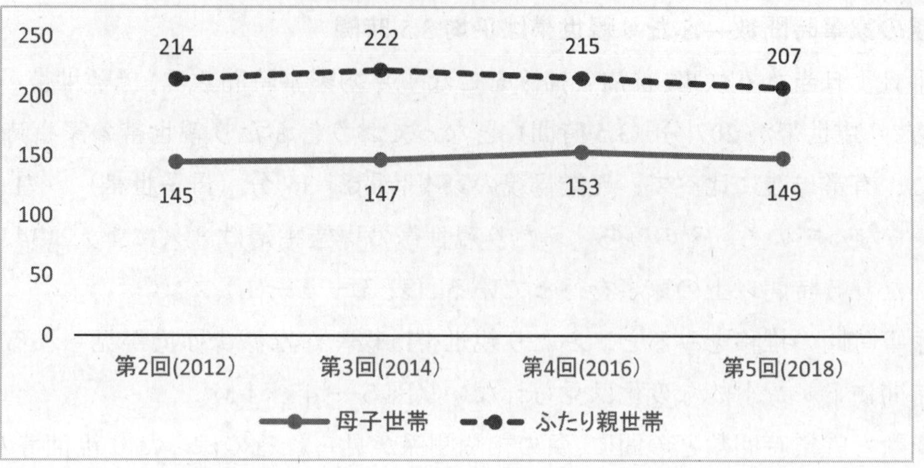

図５－４－１b　就業時間数別、母親の平均家事時間（単位：分／日）

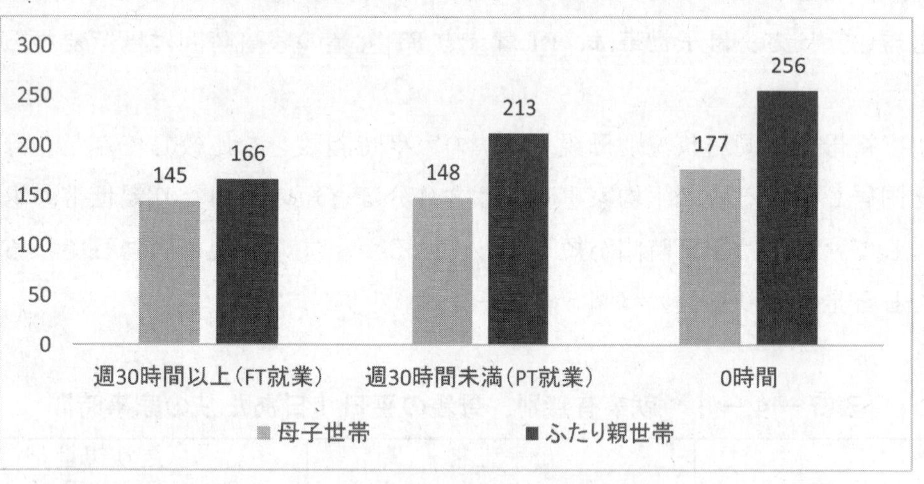

図５－４－１c　祖母との同居状況別、母親の平均家事時間（単位：分／日）

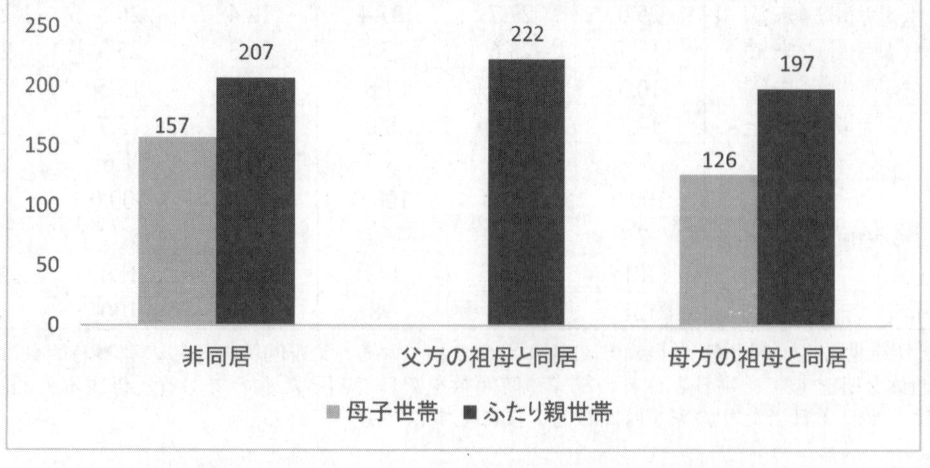

（2）父親の家事時間数―ふたり親世帯が増加、父子世帯が減少

父親が1日当たり炊事、洗濯と掃除をこなす平均家事時間数は、父子世帯が91分、ふたり親世帯が35分である。家事を全く行っていない（家事ゼロ）父親の割合は、いずれの世帯類型においても4分の1程度いる（表5－4－2）。なお、「家事ゼロ」父子世帯の9割弱（85.7%）は祖父母との同居世帯であり、家事が外注されたというよりも祖父母に担ってもらったケースが殆どだと思われる。また、子どもが家事を担っているケースも一部存在すると考えられる。

父親の家事時間の推移をみると、ふたり親世帯と父子が逆のトレンドを示していることが分かる。ふたり親世帯の場合、平均家事時間数だけではなく、「家事ゼロ」の割合も減少し続けている。一方、父子世帯の父親の平均家事時間数が6年前に比べて16分減少し、「家事ゼロ」の割合も大幅に増えている（図5－4－2a）。

ふたり親世帯では妻の就業時間が週30時間以上（FT就業）である場合、「家事ゼロ」夫の割合（10.0%）が半減し、夫の平均家事時間も45分までに伸びる。一方、週30時間未満（PT就業）妻の場合、夫の家事時間は専業主婦世帯とほぼ同程度である（図5－4－2b）。

妻の就業年収別でみると、「収入なし（専業主婦）」と「（社会保険料負担の免除対象の収入限度額である）130 万円未満」有業妻との間に、夫の家事時間に大きな違いが見られない。一方、妻の収入が130万円を超えると、「家事ゼロ」夫の割合がいずれも1割以下となり、平均家事時間も大きく伸びる（図5－4－2c）。

また、妻の家事時間と同様に、夫の家事時間も妻の母親と同居している場合がもっとも短くなっている（図5－4－2d）。

表5－4－2　父親の平日1日当たり平均家事時間

	N	0分	1～15分未満	16～30分未満	30～60分未満	60分以上	不詳	合計	平均（分）	標準偏差
父子世帯	54	25.9	0.0	0.0	7.4	63.0	3.7	100.0	91	94
ふたり親世帯	1,267	24.9	18.7	15.7	17.4	19.0	4.2	100.0	35	56

注：母親回答のふたり親世帯の父親の家事時間数は、父親が週休2日として、平日と休日の総家事時間数を7日で割ったものである。父親本人回答の家事時間数は、平日1日当たりの家事時間数を直接にたずねたものである。

図５－４－２a　父親の家事時間の推移

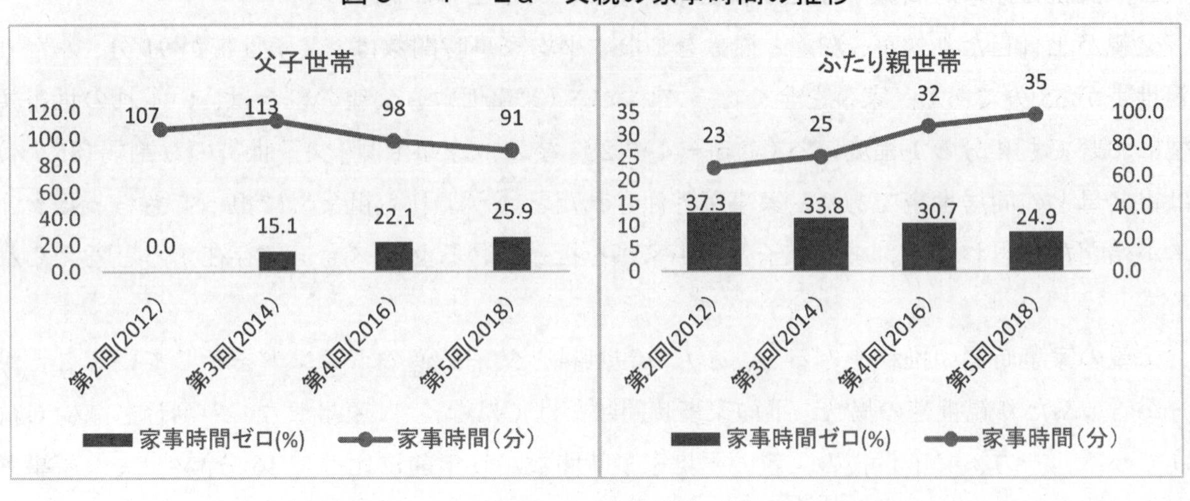

図５－４－２b　妻の就業時間別、父親の家事時間

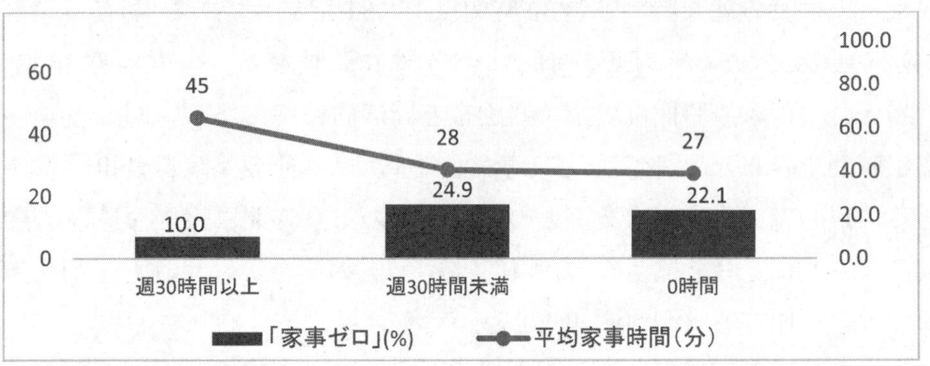

図５－４－２c　妻の就業年収別、父親の家事時間

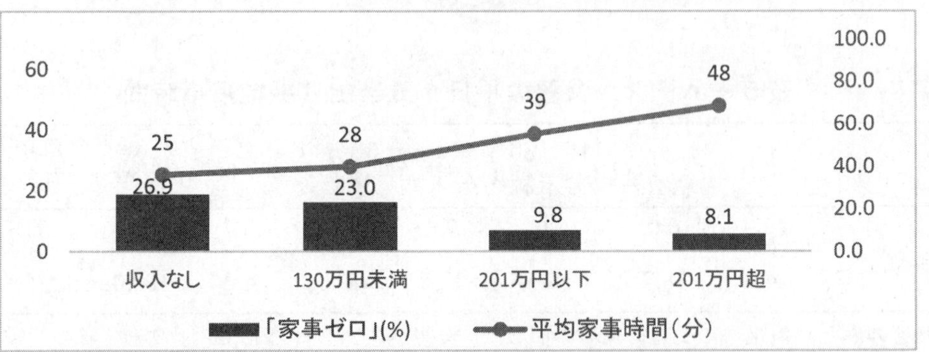

図５－４－２d　祖母との同居状況別、父親の平均家事時間（単位：分／日）

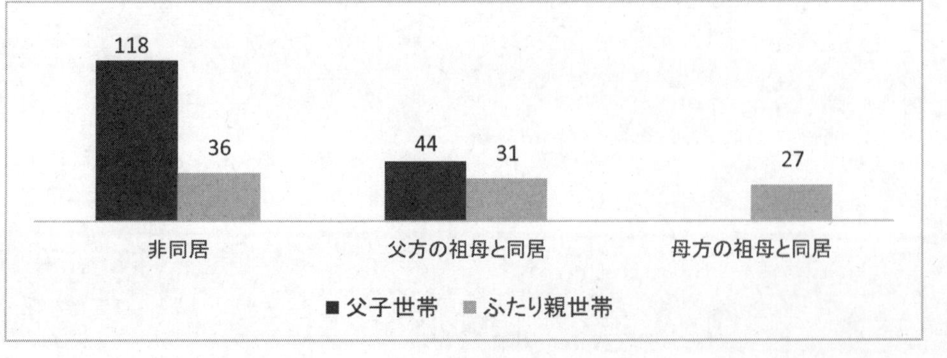

（３）夫婦の合計家事時間―夫家事参加の世帯ほど長くなる

ふたり親世帯の場合、妻の家事時間が短いと、夫の家事時間がその分長くなるという単純な代替関係ではないようである。例えば、妻家事時間「５時間以上」の世帯では、夫の平均家事時間数は 36 分であり、妻家事時間「２～５時間未満」の世帯よりむしろ長くなっている（表５－４－３）。

夫の家事時間が長ければ長いほど、妻の平均家事時間数がわずかに短くなっているが、夫婦合計の家事時間がより大きく伸びているため、妻の家事時間の短縮にはあまりつながっていない。例えば、夫婦合計の家事時間は、夫家事時間「６０分以上」の世帯（299 分）は夫「家事ゼロ」の世帯(221 分)より 78 分も長くなっているが、妻の家事時間は 38 分の差異しかない（図５－４－３）。

夫家事参加の世帯ほど、夫婦の合計家事時間が長くなる現象について、夫の家事への不慣れが原因でよりたくさんの時間投入を要することや、元々家事総量の多い世帯で夫の家事参加が余儀なくされていることなどが考えられる。

表５－４－３　妻の家事時間５分類別、夫の家事時間分布

		妻						
		2時間未満	2～3時間未満	3～4時間未満	4～5時間未満	5時間以上	不詳	合計
	N	161	286	324	209	264	23	1,267
夫	0分	22.4	22.4	25.0	28.7	28.0	4.4	24.9
	15分未満	18.6	18.2	18.5	19.1	20.8	0.0	18.7
	16～30分未満	10.6	16.1	15.4	19.6	17.1	0.0	15.7
	60分未満	14.9	20.3	19.8	15.3	15.9	4.4	17.4
	60分以上	30.4	20.6	17.6	15.3	15.5	13.0	19.0
	不詳	3.1	2.5	3.7	1.9	2.7	78.3	4.2
	合計	100.0	100.0	100.0	100.0	100.0	100.0	100.0
	平均（分）	42.6	32.2	34.6	28.8	35.9	―	34.5
	標準偏差	65.4	40.0	50.5	45.8	76.1	―	56.4

図５－４－３　夫の家事時間５分類別、妻と夫の平均家事時間（単位：分/日）

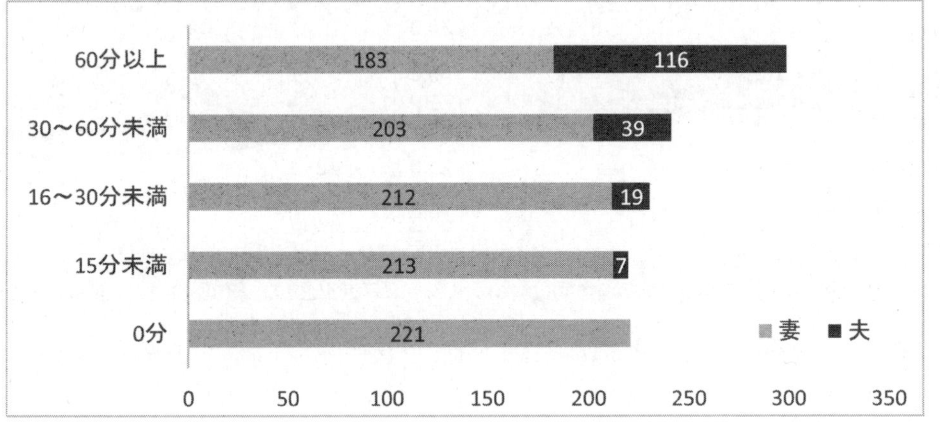

（４）性別役割分業—母親に比べて父親の賛成割合が高い

「①母親の就業は、未就学の子どもに良くない影響を与える」という考えに「賛成」または「まあ賛成」の意見を持つ母親は、母子世帯とふたり親世帯がともに32%強である。一方、賛成意見を持つ父親の割合は、父子世帯が 37.0%、ふたり親世帯が 34.7%となっており、母親を上回っている（表５－４－４上段）。

「②夫は外で働き、妻は家庭を守るべき」という男女役割分業の考えに「賛成」または「まあ賛成」の意見を持つ母親は、全体の 23～24%を占めており、賛成意見を持つ父親の割合（31～32%）より８ポイント低い。性別役割分業についても、母親に比べて父親の賛成割合は高いことが分かる（表５－４－４下段）。

母親が性別役割分業に対する賛成割合の推移をみると、ふたり親世帯が前回調査時よりやや下がっているが、母子世帯は変化なしである（図５－４－４）。

表５－４－４　性別役割分業に関する意見

	N	賛成	まあ賛成	やや反対	反対	不詳	合計	(再掲)賛成またはまあ賛成
意見①母親の就業は、未就学の子どもに良くない影響を与える								
母子世帯	653	6.6	25.6	33.5	27.3	7.0	100.0	32.2
父子世帯	54	7.4	29.6	27.8	20.4	14.8	100.0	37.0
ふたり親世帯（母親）	1,218	5.0	27.7	36.9	25.7	4.8	100.0	32.7
ふたり親世帯（父親）	49	6.1	28.6	34.7	26.5	4.1	100.0	34.7
意見②夫は外で働き、妻は家庭を守るべき								
母子世帯	653	4.1	18.7	30.5	39.7	7.0	100.0	22.8
父子世帯	54	7.4	24.1	25.9	25.9	16.7	100.0	31.5
ふたり親世帯（母親）	1,218	3.4	20.6	35.6	35.7	4.8	100.0	24.0
ふたり親世帯（父親）	49	8.2	22.5	26.5	38.8	4.1	100.0	30.6

図５－４－４　男女役割分業に賛成する母親の割合推移（%）

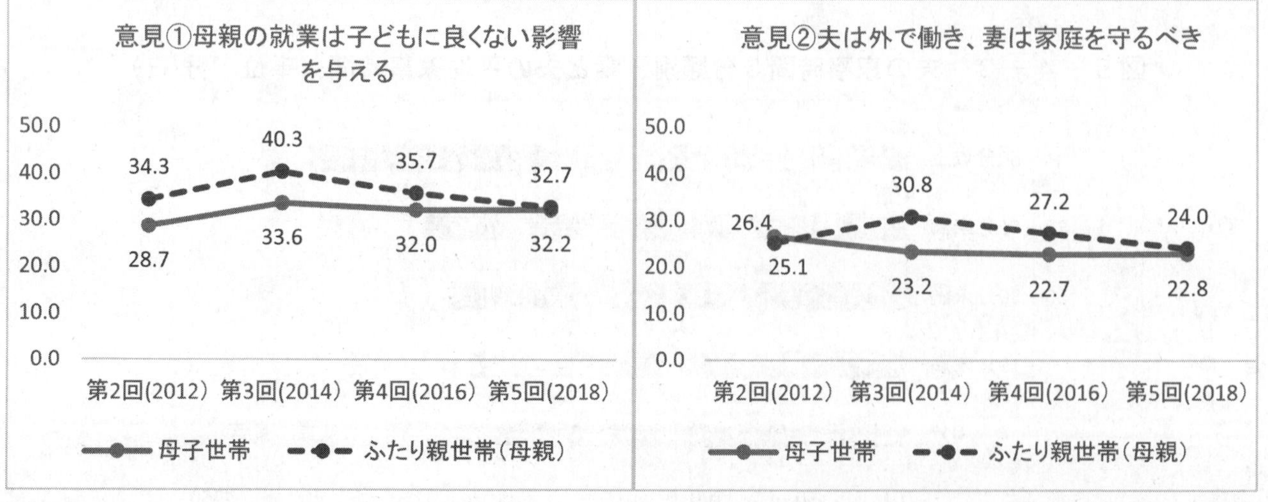

（５）Work-Life Conflict—夫の家事時間数より妻の就業時間数が重要

仕事と家庭生活の不調和（Work-Life Conflict : WLC）度合いを表す３指標のうち、「仕事のため、しなければならない家事や育児のいくつかができなかった」（WLC1）の発生頻度がもっとも高く、次いで「仕事のため、家事や育児を果たすことが難しくなっている」（WLC2）と続き、「家事や育児のため、仕事に集中することが難しくなっている」（WLC3）の発生頻度がもっとも低い（表５－４－５）。

WLC1～WLC3のいずれかを「ほぼ毎日」感じている者の割合は、母子世帯14.0%、父子世帯16.0%、ふたり親世帯（母親）9.0%である（図５－４－５a）。

ふたり親世帯の場合、妻がWLCを感じる頻度は夫の家事時間数とは明確な関係がなく、妻本人就業時間の方がより重要のようである。週30時間未満（PT就業）妻がWLCを頻繁に感じている割合は3.6%であるのに対して、週30時間以上（FT就業）妻の同割合が15.0%に上っている（図５－４－５b、図５－４－５c）。

表５－４－５　仕事と家庭生活の不調和（WLC）の頻度

	N	ほぼ毎日（6点）	週に何回かある（5点）	月に何回かある（4点）	年に何回かある（3点）	めったにない（2点）	全くない（1点）	不詳	合計	平均得点	標準偏差
母子世帯											
WLC1	585	10.1	31.3	24.6	9.4	15.7	7.4	1.5	100.0	3.9	1.5
WLC2	585	8.7	18.1	17.6	13.5	25.8	14.9	1.4	100.0	3.2	1.6
WLC3	585	2.9	8.7	20.2	12.7	34.0	20.5	1.0	100.0	2.7	1.4
父子世帯											
WLC1	50	12.0	22.0	22.0	14.0	16.0	12.0	2.0	100.0	3.6	1.6
WLC2	50	8.0	18.0	22.0	8.0	28.0	12.0	4.0	100.0	3.3	1.6
WLC3	50	2.0	10.0	24.0	16.0	26.0	18.0	4.0	100.0	2.9	1.4
ふたり親世帯（母親）											
WLC1	890	6.4	28.9	22.1	11.9	20.2	9.4	1.0	100.0	3.6	1.5
WLC2	890	6.2	13.2	13.3	12.5	32.9	21.0	1.0	100.0	2.8	1.5
WLC3	890	2.0	7.5	14.2	14.2	34.9	26.0	1.2	100.0	2.5	1.3

注：WLC1：仕事のため、しなければならない家事や育児のいくつかができなかった。
WLC2：仕事のため、家事や育児を果たすことが難しくなっている。
WLC3: 家事や育児のため、仕事に集中することが難しくなっている。

図５－４－５a　WLC を頻繁に（いずれかの WLC をほぼ毎日）感じている割合（%）

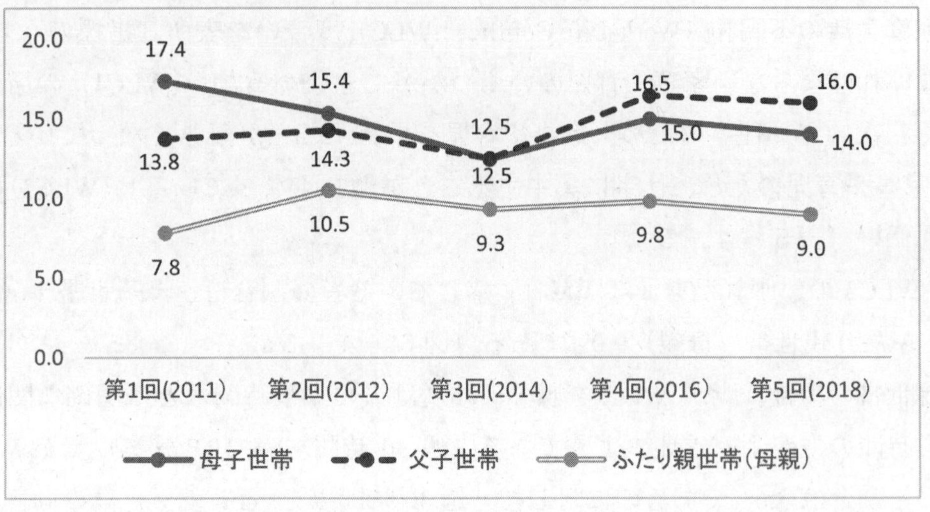

図５－４－５b　夫の家事時間５分類別、妻が WLC を頻繁に感じている割合（%）

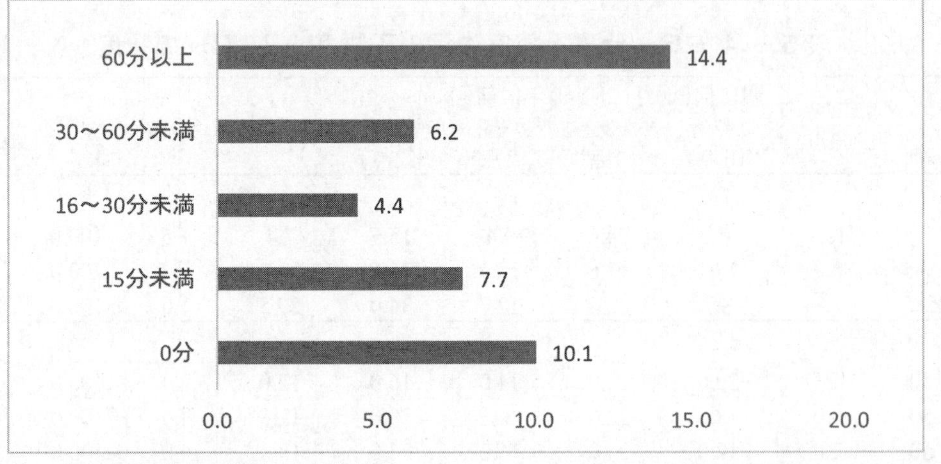

注：ふたり親世帯に関する集計結果。

図５－４－５c　妻の就業時間２分類別、妻が WLC を頻繁に感じている割合（%）

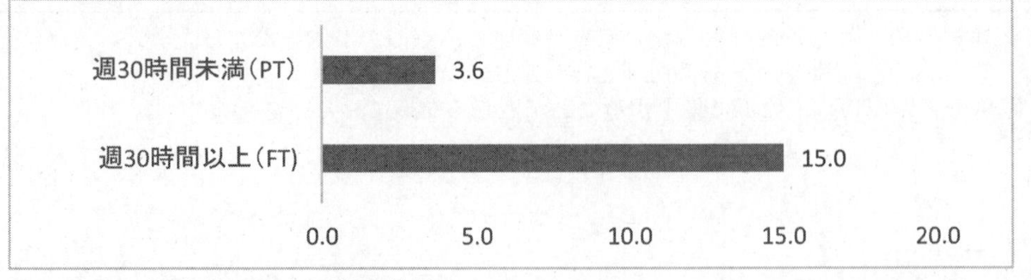

注：ふたり親世帯に関する集計結果。

（６）非同居父親と子どもの交流—「年に数回」以上は養育費の確保に有利

過去の１年間、非同居父親と子どもとの面会や会話等交流の頻度は、「年に数回以上」の割合は、母子世帯の離別父親が 37.3%、ふたり親世帯の単身赴任父親が 93.8%である。離別父親の 44.2%は子どもとの交流が「全くない」状態であり、そのうち離婚５年以上の離別父親の半数以上（51.6%）が子どもと交流なしの状態である（表５－４－６a）。

子どもと年に数回以上交流がある離別父親の割合が前回調査より５ポイント上昇しているが、６年前に比べて２ポイントしか上がっていない（図５－４－６a）。

離別父親と子どもとの交流の頻度は、養育費の受取率とは正の比例関係にある。とくに、離婚５年以上の離別父親に限ってみると、交流頻度と養育費の受取率の相関が一層強まっている。養育費の受取率は、交流頻度が「月１回以上」では 36.0%、「年に数回」では 30.3%、「ほとんどない」では 14.3%、「全くない」では 10.4%となっており、交流頻度が低下するごとに養育費の受取率も下がっていく。離別父親と子どもとの交流を「年に数回」程度またはそれ以上を維持することは、養育費の確保に有利に働くと見られる（図５－４－６b、表５－４－６b）。

表５－４－６a　非同居父親と子どもとの交流の頻度

	N	ほぼ毎日	週に3, 4回ぐらい	週に1回くらい	月1回ぐらい	年に数回	ほとんどない	全くない	不詳	合計	再掲）年に数回以上
母子世帯※（離別父親）	466	0.0	1.3	3.2	16.7	16.1	13.1	44.2	5.4	100.0	37.3
うち、離婚5年以上の離別父親	186	0.0	0.5	2.2	10.8	17.7	11.3	51.6	5.9	100.0	31.2
ふたり親世帯（単身赴任父親）	113	3.5	4.4	30.1	31.9	23.9	1.8	0.0	4.4	100.0	93.8

※離婚が原因で母子世帯になった世帯を対象とした集計結果である。

図５－４－６a　子どもと年に数回以上交流がある非同居父親の割合推移（%）

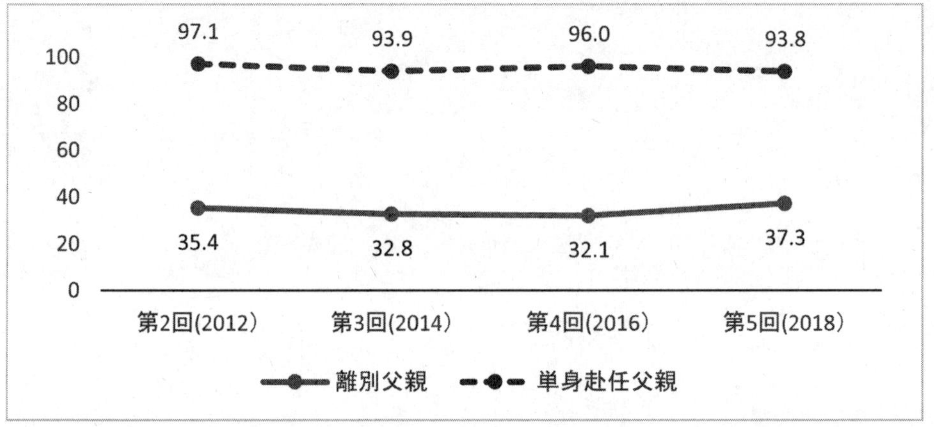

図５－４－６b　離別父親と子どもとの交流の頻度別、養育費の受取率（%）

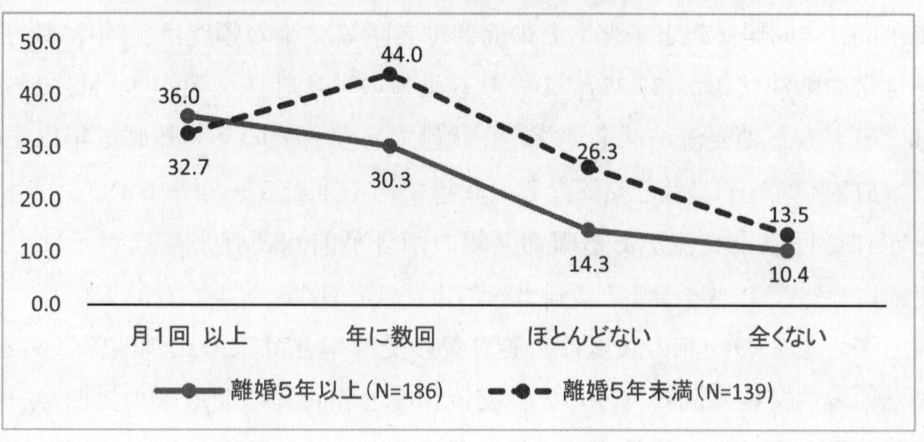

表５－４－６b　離別父親と子どもとの交流の頻度別、養育費の受取率

	月1回以上	年に数回	ほとんどない	全くない	不詳	頻度計
離婚５年以上（N=186）	36.0	30.3	14.3	10.4	0.0	17.2
離婚５年未満（N=139）	32.7	44.0	26.3	13.5	16.7	28.1
離別父親全体（N=466）	30.3	33.3	16.4	8.7	4.0	18.0

注：離別父親全体に、離婚年数不詳の標本が含まれている。

（7）子どもの勉強をみる―未就学児、小学生のいる世帯では高頻度

週に１～２回以上子どもの勉強をみる母(父)親の割合は、母子世帯36.9%、父子世帯27.8%、ふたり親世帯（母親）は47.5%である（表５－４－７a)。

週に１～２回以上子どもと将棋・トランプなどで遊ぶ母(父)親の割合は、母子世帯15.8%、父子世帯20.4%、ふたり親世帯（母親）は24.0%である（表５－４－７b)。

ふたり親世帯に比べて、父子世帯は子どもの勉強をみる頻度がずいぶん低いものの、子どもとの遊ぶ頻度はそれほど劣ってない。一方、母子世帯はふたり親世帯と比較して、勉強をみる頻度よりも子どもとの遊ぶ頻度の方が大きな差がある。

母子世帯について、子どもの勉強をみる頻度が週に１～２回以上の割合は、末子が未就学児（0～5歳）の世帯では３割、小学生（6～11歳）の世帯では２割、中学生・高校生年齢層の世帯では 5%程度である。子どもの年齢層が上昇するごとに、勉強をみる割合が減少する傾向は、ふたり親世帯についてもみられている（図５－４－７a)。

母親の就業形態別でみると、母親が子どもの勉強をみる頻度が週に１～２回以上の割合は、専業主婦（母親無職）世帯では比較的高くなっている（図５－４－７b)。

表５－４－７a　子どもの勉強をみる頻度

	N	ほぼ毎日	週に3～4回	週に1～2回	月に1～2回	めったにない	不詳	合計	（再掲）週に1～2回以上
母子世帯	653	14.2	8.6	14.1	16.5	41.8	4.8	100.0	36.9
父子世帯	54	11.1	3.7	13.0	29.6	38.9	3.7	100.0	27.8
ふたり親世帯（母親）	1,218	22.4	10.4	14.6	12.2	35.1	5.3	100.0	47.5

表５－４－７b　子どもと将棋・トランプなどで遊ぶ頻度

	N	ほぼ毎日	週に3～4回	週に1～2回	月に1～2回	めったにない	不詳	合計	（再掲）週に1～2回以上
母子世帯	653	3.1	3.2	9.5	18.2	61.7	4.3	100.0	15.8
父子世帯	54	5.6	3.7	11.1	22.2	51.9	5.6	100.0	20.4
ふたり親世帯（母親）	1,218	6.9	5.6	11.5	18.3	53.1	4.6	100.0	24.0

図５－４－７a　末子の年齢層別、勉強をみる頻度が週に１～２回以上の割合　（%）

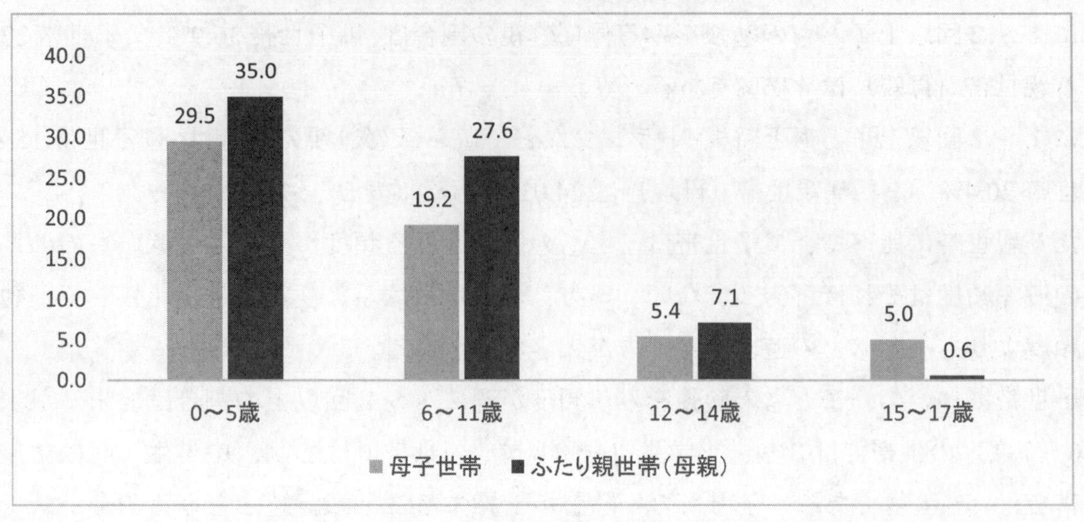

図５－４－７b　母親の就業形態別、勉強をみる頻度が週に１～２回以上の割合（%）

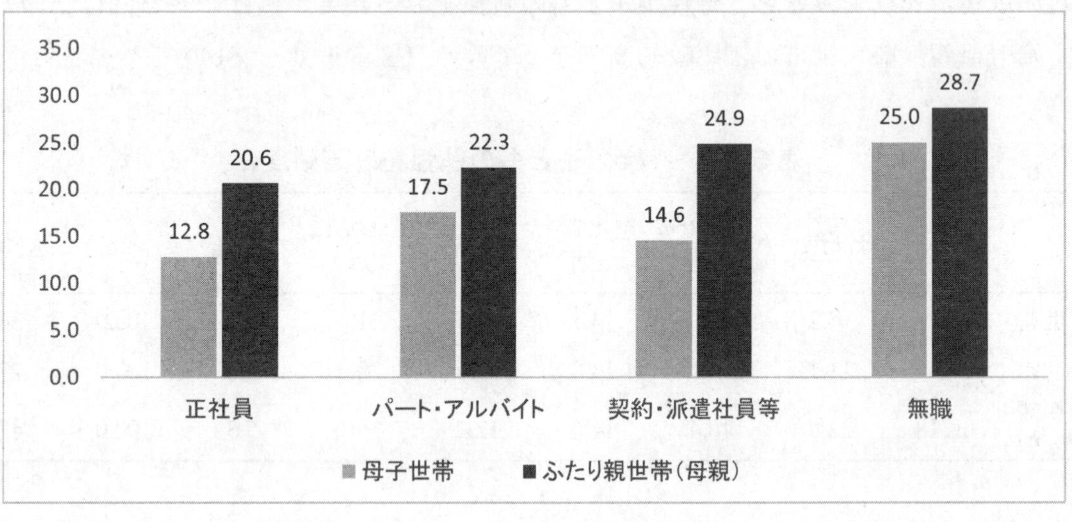

（８）子どもと夕食を取る―母親が正社員の世帯では「孤食」が多い

子どもと一緒に夕食をとる回数は「週３日以下」と回答した母（父）親の割合は、母子世帯19.6%、父子世帯38.9%、ふたり親世帯（母親）は10.8%である（表５－４－８）。

親と一緒に夕食とる回数は「週３日以下（孤食）」とする子どもの割合は、母子世帯が前回調査とほぼ同じで、ふたり親世帯と父子世帯が増えている（図５－４－８a)。

母子世帯の場合、「孤食」する子どもの割合は、中学生年齢層（12～14歳）から急増しはじめ、全体の３割弱を占めることになっている。ふたり親世帯の場合、同割合は高校生年齢層（15～17歳）から急増し、全体の４分の１程度（23.9%）になる（図５－４－８b)。

母親の就業形態別でみると、「孤食」する子どもの割合は、母親が正社員の世帯ではもっとも高くなっている（図５－４－８c)。

表５－４－８　子どもと一緒に夕食をとる回数

	N	ほぼ毎日	週4日以上	週2、3日程度	週1日程度	ほとんどない	不詳	合計	(再掲)週3日以下
母子世帯	653	67.4	11.6	12.7	3.2	3.7	1.4	100.0	19.6
父子世帯	54	44.4	14.8	25.9	7.4	5.6	1.9	100.0	38.9
ふたり親世帯（母親）	1,218	81.9	5.4	7.7	1.3	1.8	1.8	100.0	10.8

図５－４－８a　子どもと一緒に夕食をとる回数が週３日以下（孤食）の割合推移　(%)

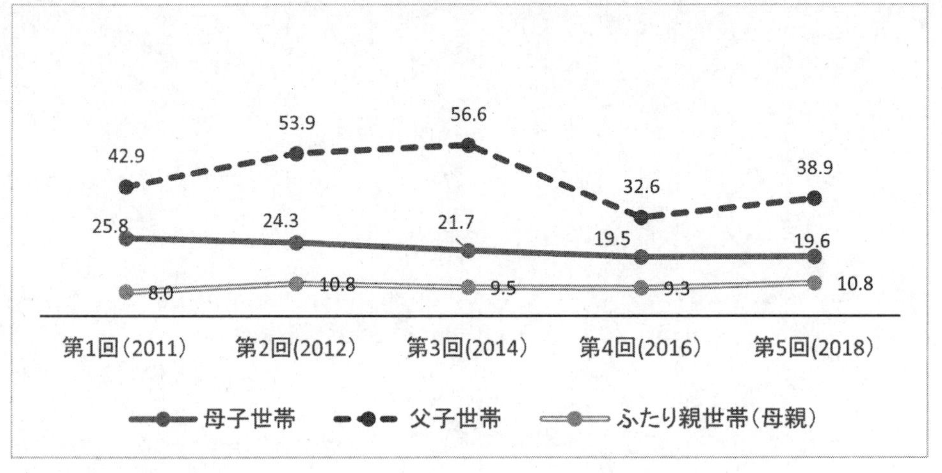

図５－４－８b　末子の年齢層別「孤食」の割合（%）

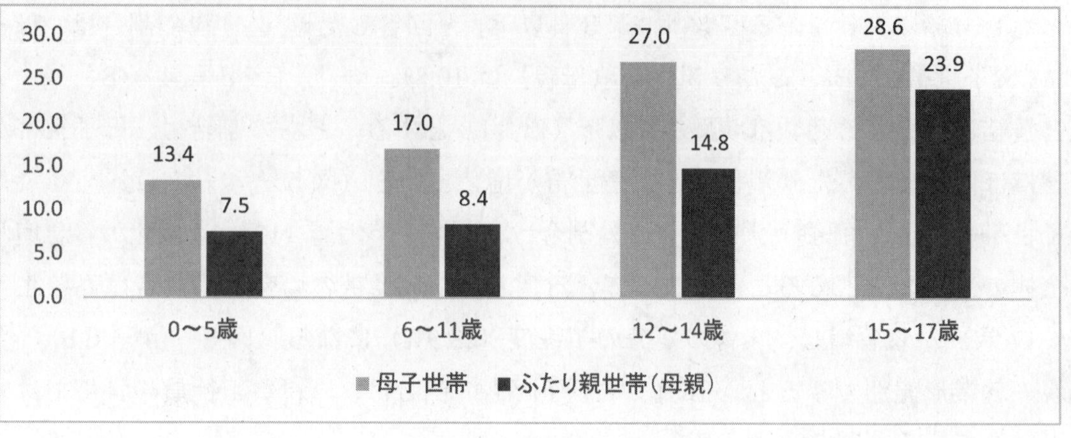

図５－４－８c　母親の就業形態別「孤食」の割合（%）

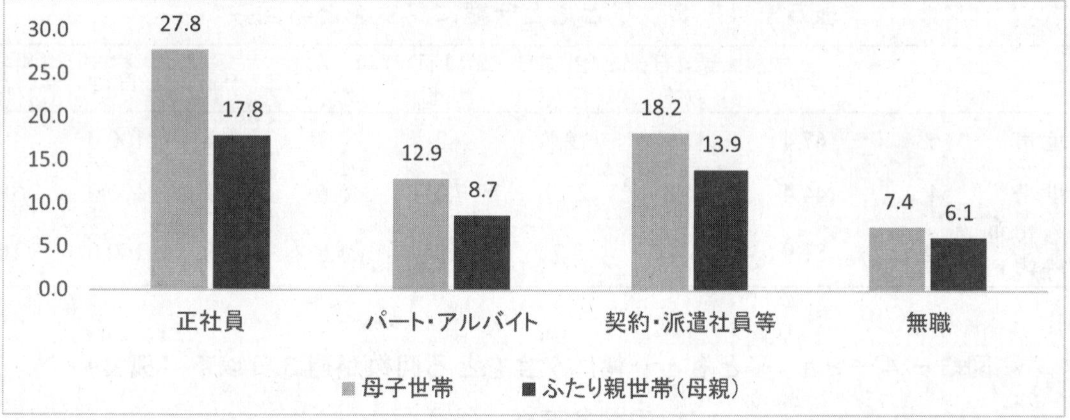

（9）子どもの習い事・塾代—中学生・高校生年齢層に高額な費用

第1子に月額2万円超の高額な習い事・塾代をかけている世帯の割合は、母子世帯 13.8%、父子世帯 24.2%、ふたり親世帯 16.6%となっている。習い事・塾代の平均金額も、父子世帯がもっとも高く（1.5 万円）、その次はふたり親世帯（1.2 万円）、母子世帯（9千円）がもっとも低い（表5－4－9）。

第1子の年齢階層別でみると、「(該当) 出費がない」の割合は、未就学児がもっとも高く、小学生がもっとも低い。小学校から習い事・塾の利用が急増し始めている状況がうかがえる。一方、高額な習い事・塾の利用対象は、中学生・高校生年齢層の子どもが圧倒的に多い。母子世帯の約2割、ふたり親世帯の約3割は、中学生・高校生年齢層の第1子に月額2万円超を支出している（図5－4－9a）。

中学生・高校生年齢層の第1子に月額2万円超の習い事・塾代をかけている世帯の割合は、前回調査に比べて4～5ポイント上昇している（図5－4－9b）。

表5－4－9　17 歳未満の第1子にかかる習い事・塾代

	N	出費がない	1万円以下	2万円以下	2万円超	不詳	合計	平均(円)	標準偏差(円)
母子世帯	435	47.8	21.4	13.6	13.8	3.5	100.0	9,364	13,488
父子世帯	33	39.4	21.2	9.1	24.2	6.1	100.0	15,065	19,833
ふたり親世帯	930	37.4	26.1	16.7	16.6	3.2	100.0	12,270	18,628

図5－4－9a　第1子の年齢別習い事・塾代の分布（%）

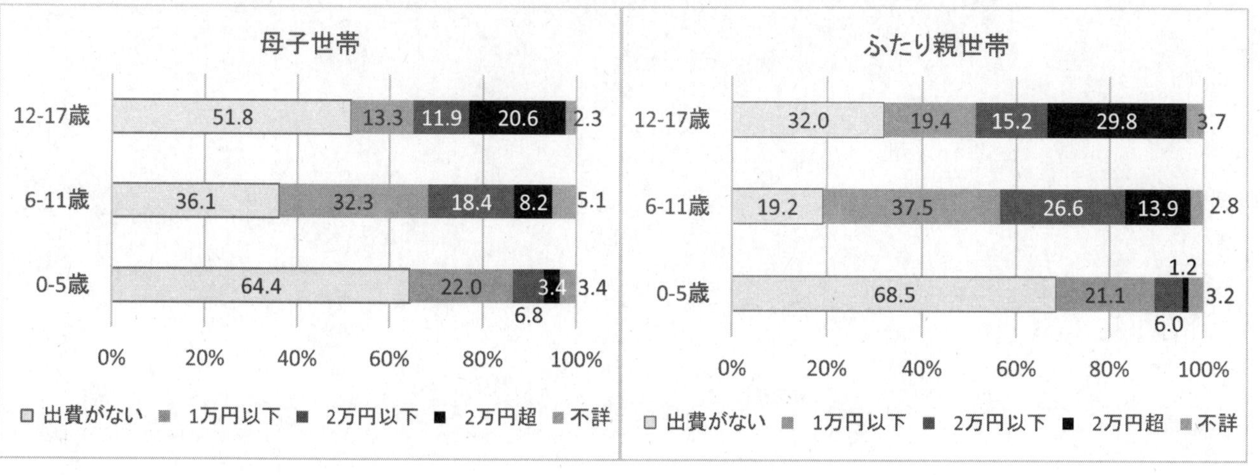

図５－４－９b　12～17 歳第１子の習い事・塾代が２万円超の世帯の割合（%）

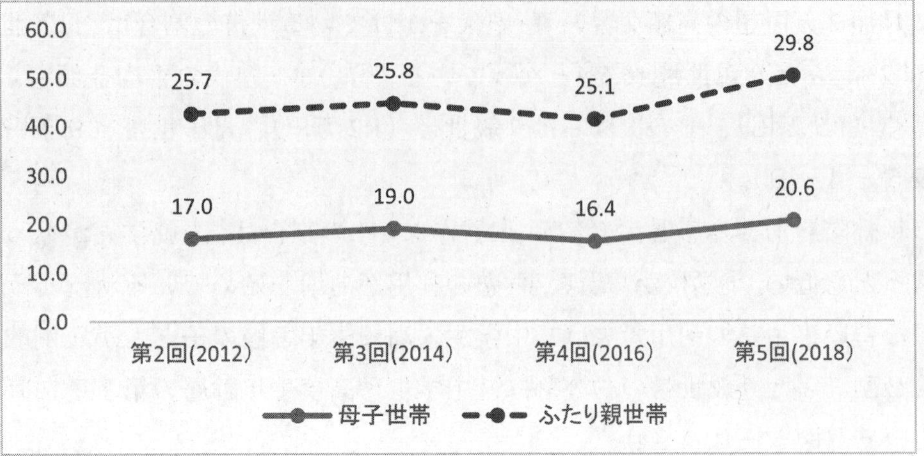

（１０）子どもの学業成績―母子世帯の男子がより深刻な状況

小中高校生の第１子が学校での学業成績が「良好」または「まあまあ良好」（４点以上）である割合は、母子世帯 33.0%、父子世帯 36.7%、ふたり親世帯 46.0%となっている（表５－４－１０）。

ふたり親世帯の場合、4 点以上の良い学業成績を挙げている子どもの割合は、小学生も中高生も、男子（息子）も女子（娘）も同じく４～５割程度となっている。一方、母子世帯の場合、娘は息子より学業成績が明らかに良い。その差は小学生の段階では５ポイントほどであるが、中高生の段階になると 18 ポイントまでに広がっている。母子世帯の男子における教育面の困難度は高いことが分かる（図５－４－１０a）。

また、子どもの学業成績は母親の学歴との関連性が強く、その傾向はふたり親世帯でとりわけ強く現れている（図５－４－１０b）。

一方、親に勉強の面倒をみてもらった子どもほど、学業成績が良いというわけではない。母子世帯の場合、親に「週に３回以上」勉強の面倒を見てもらった子どもの方は、学業成績がむしろ悪い。勉強の面倒見は子どもの成績向上につながる一方、学業成績が芳しくない子どもほど、親が手をかけているという逆の因果関係も考えられる（図５－４－１０c）。

習い事・塾代といった教育支出も、子どもの学業成績と一定の関連性がある。母子世帯もふたり親世帯も、「（該当）出費がない」子どもの学業成績が明らかに悪い。一方、習い事・塾代をかけられている子どもの間では、支出額の多寡によって成績が変わるのは母子世帯のみである（図５－４－１０d）。

表５－４－１０　6～17 歳第１子の学校での学業成績

	N	良好（5点）	まあまあ良好(4点)	普通（3点）	やや遅れている（2点）	かなり遅れている（1点）	不詳	合計	（再掲）4点以上	（再掲）2点以下	平均点	標準偏差
母子世帯	376	13.0	20.0	35.6	11.7	5.1	14.6	100.0	33.0	16.8	3.3	1.1
父子世帯	30	13.3	23.3	46.7	10.0	3.3	3.3	100.0	36.7	13.3	3.3	1.0
ふたり親世帯	679	17.1	28.9	36.1	5.3	3.5	9.1	100.0	46.0	8.8	3.6	1.0

図５－４－１０a　第１子の性別、小・中高生別学業成績（%）

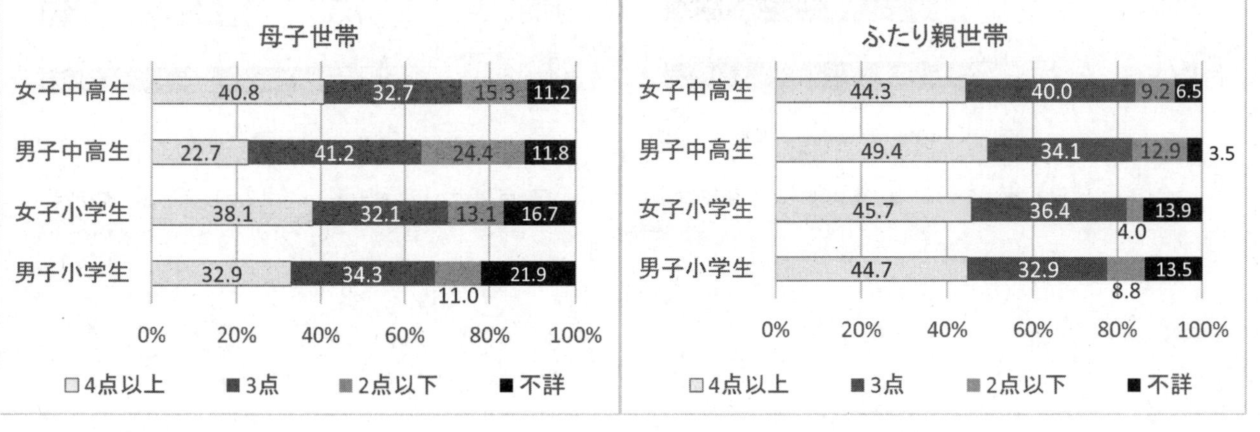

図５－４－１０b　母親の学歴別、第１子の学校での学業成績（%）

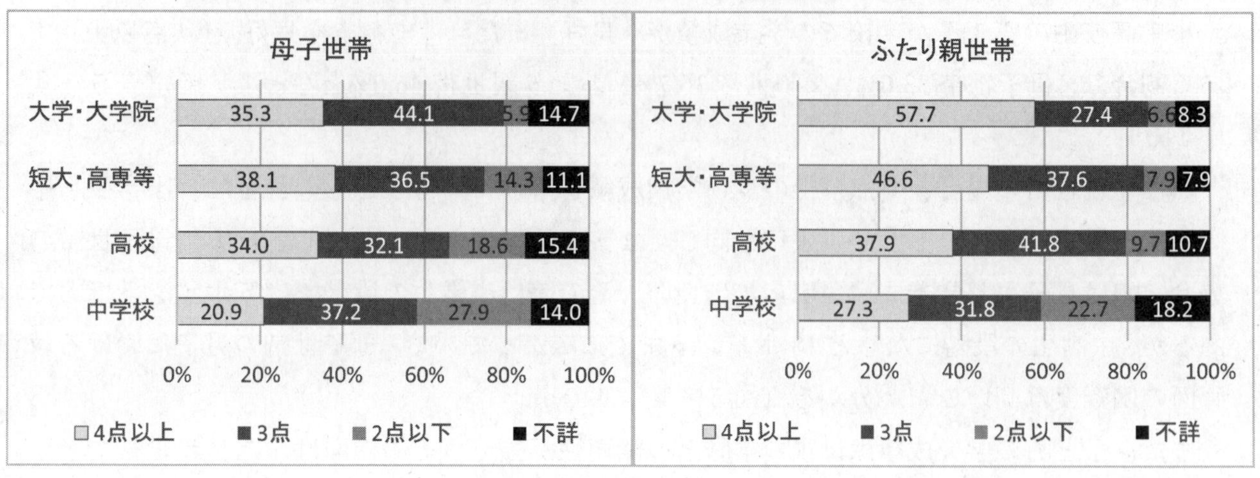

図５－４－１０c　子どもの勉強をみる頻度別、第１子の学校での学業成績（%）

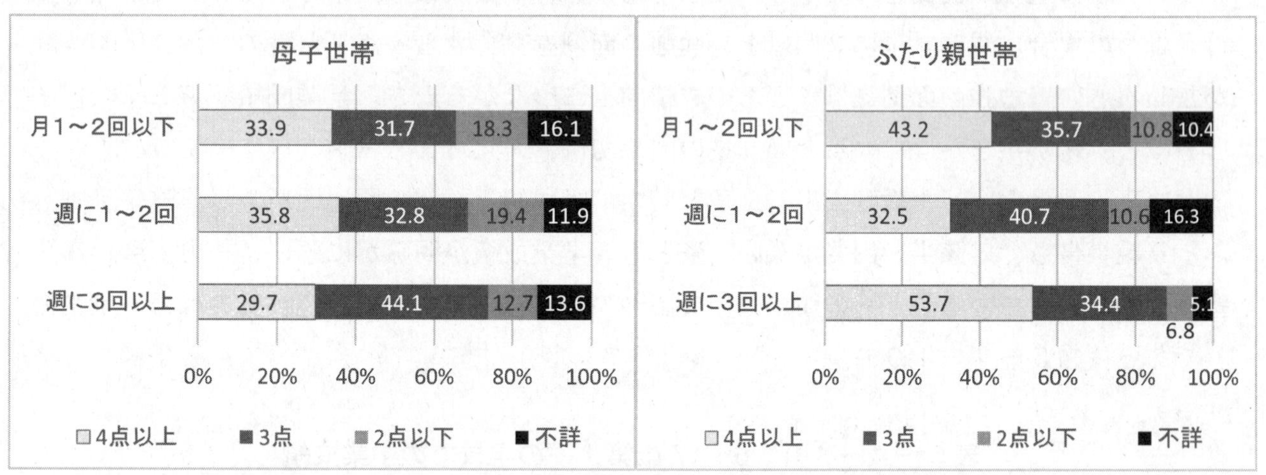

図５－４－１０d　習い事・塾代別、第１子の学校での学業成績（%）

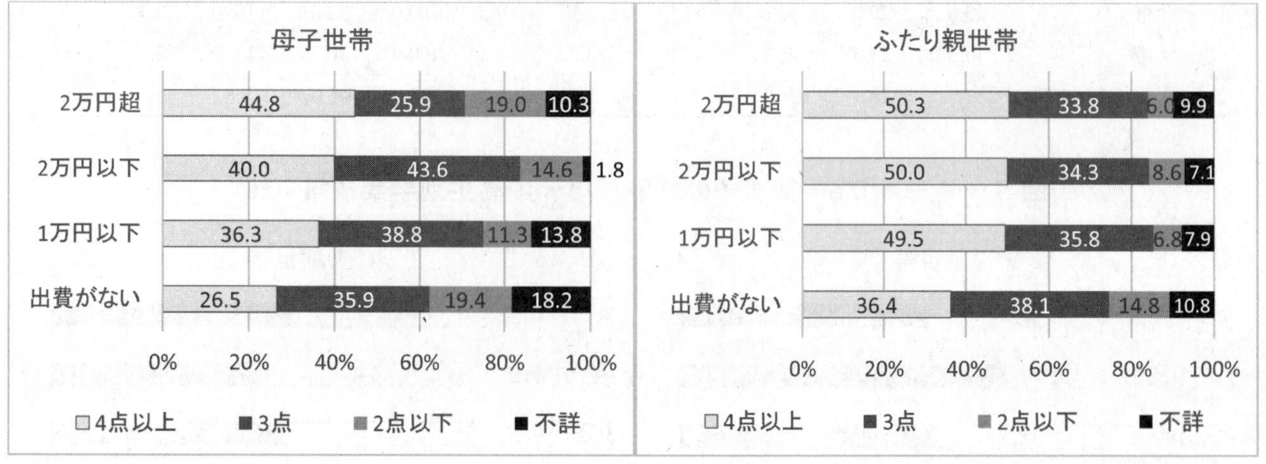

（１１）子どもの不登校―中高生と男子に比較的多く見られる

小中高校生の第１子においては、不登校の経験を持っている割合は、母子世帯 11.7%、父子世帯 10.0%、ふたり親世帯 4.0%となっている（表５－４－１１）。第１子に不登校経験ありの割合が前回調査より１ポイント（ふたり親世帯）～３ポイント（母子世帯）上昇している（図５－４－１１a）。

不登校問題は、小学生よりも中高生の間に比較的多く見られる。また、「現在不登校中」の割合は、女子よりも男子の方が高くなっている。ふたり親世帯の場合、小学生の不登校経験者がほとんどいないのに対して、中高生になると、男子の 7.7%、女子の 5.9%は経験がある。母子世帯の場合、男子中高生の 11.8%（うち 3.4%は現在も）、女子中高生の 20.4%（うち 2.0%は現在も）が不登校を経験していた（図５－４－１１b）。

学校での学業成績も不登校と深く関わっている。学業成績が芳しくない（２点以下）子どもは「不登校経験あり」割合が高くなっている。学業成績が芳しくない子どもにおける「不登校経験あり」の割合は、母子世帯が 27.0%（うち 12.7%は現在も）、ふたり親世帯も 13.4%（うち 6.7%は現在も）に達している（図５－４－１１c）。

中学校卒の母親を持つ子どもは、不登校割合が顕著に高い。中卒母親の子どもの「不登校経験あり」の割合は、母子世帯が 21.0%（うち 7.0%は現在も）、ふたり親世帯が 9.2%（うち 4.6%は現在も）に達している（図５－４－１１d）。

表５－４－１１　6～17 歳第１子の不登校状況

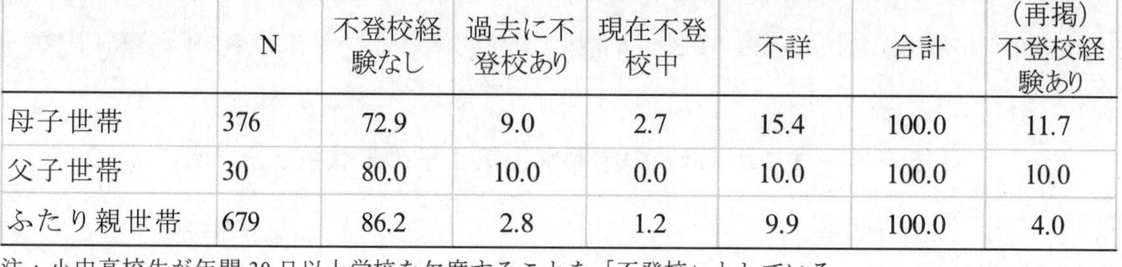

	N	不登校経験なし	過去に不登校あり	現在不登校中	不詳	合計	（再掲）不登校経験あり
母子世帯	376	72.9	9.0	2.7	15.4	100.0	11.7
父子世帯	30	80.0	10.0	0.0	10.0	100.0	10.0
ふたり親世帯	679	86.2	2.8	1.2	9.9	100.0	4.0

注：小中高校生が年間 30 日以上学校を欠席することを「不登校」としている。

図５－４－１１a　第１子に不登校経験ありの割合推移（%）

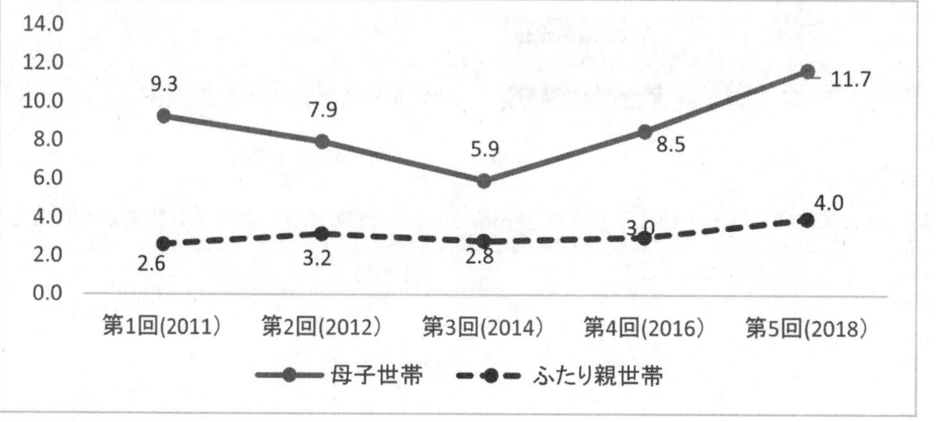

図５－４－１１b　第１子の性別、小・中高生別不登校状況（%）

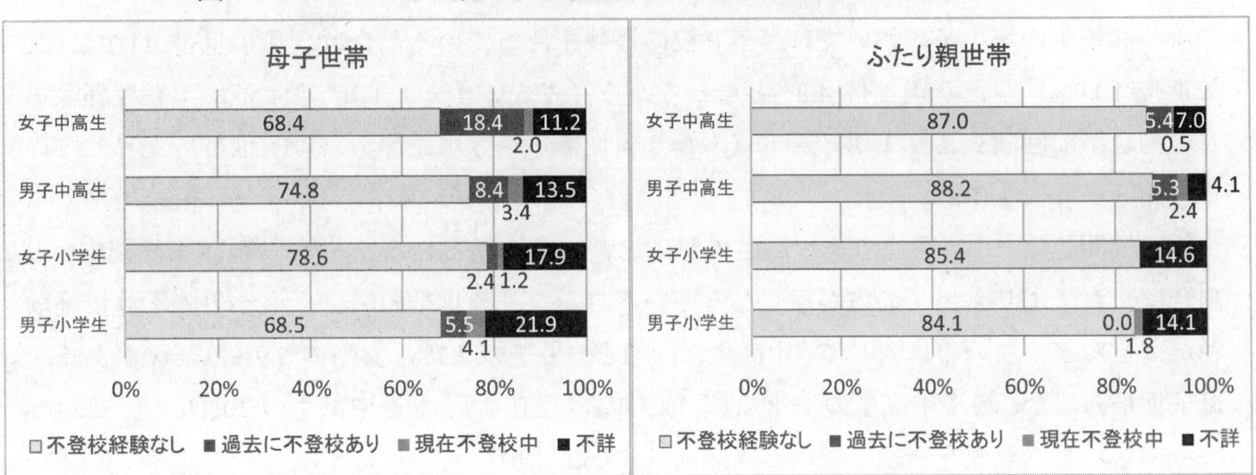

図５－４－１１c　第１子の学業成績３分類別不登校状況（%）

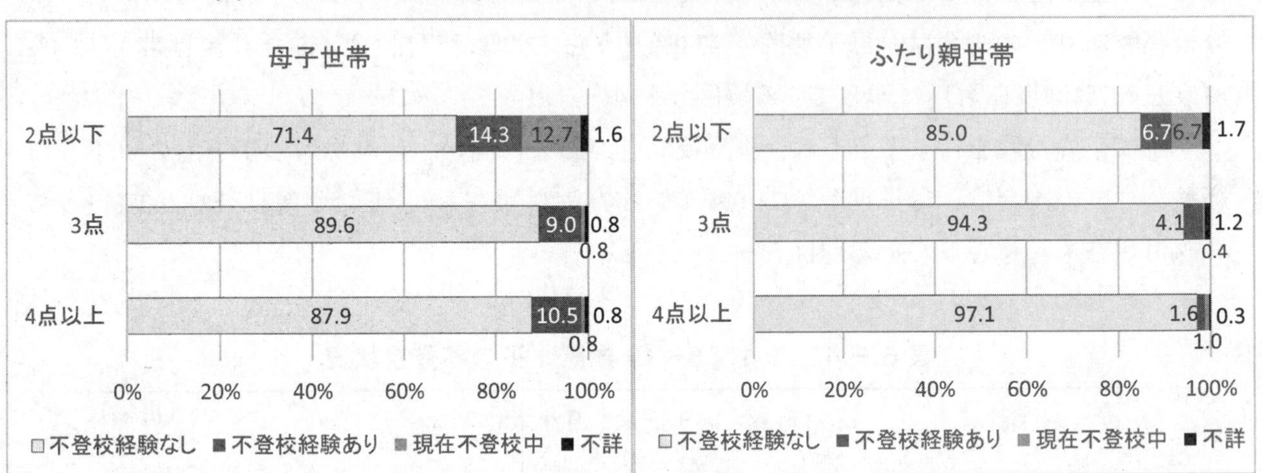

図５－４－１１d　母親の学歴別、第１子の不登校状況（%）

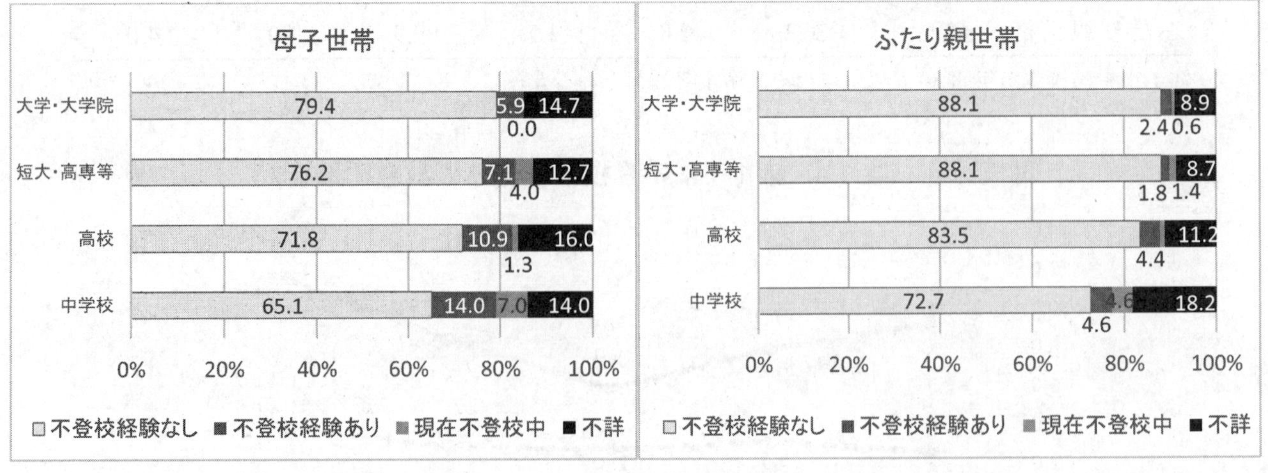

（１２）児童虐待—三世代同居の方が虐待は起こりにくい

子どもに①身体的暴力（質問票では「行き過ぎた体罰」）、②育児放棄、のいずれかを行ったりする経験がある母（父）親の割合は、母子世帯 10.7%、父子世帯 13.0%、ふたり親世帯（母親）6.1%、ふたり親世帯（父親）2.0%となっている。ふたり親世帯の虐待種別は、身体的暴力が中心であるが、母子／父子世帯の場合、育児放棄も大きなウェイトを占めている（表５－４－１２a)。

保護者自身が成人する前に親からの虐待被害を受けた経験の割合をみると、母子世帯の母親は 12.9%でもっとも高い（表５－４－１２b)。

児童虐待の被害者は成人した後に児童虐待の加害者になりやすい、いわゆる「虐待の世代間連鎖」と呼ばれる現象が存在するといわれている。実際、（自分の）親による身体的暴力の被害経験がある母親のうち、約 26%の人が過去に自分の子どもを虐待した経験がある。これは、親による被害経験のない者の３倍～５倍の水準である（図５－４－１２a)。

また、核家族世帯よりも三世代同居世帯の方が、母親が児童虐待になりにくい。それはふたり親世帯と母子世帯の両方に当てはまる話であるが、母子世帯について三世代同居の効果がより大きい。母子世帯の場合、三世代同居世帯における母親の虐待加害者割合は、6.4%に過ぎず、核家族世帯の約半分程度の水準である（図５－４－１２b)。

表５－４－１２a　児童虐待の加害者だった割合

	N	①身体的暴力のみあり	②育児放棄のみあり	③両方あり	④両方なし	不詳	合計	(再掲）いずれかあり(①、②、③合計)
母子世帯	653	6.6	2.5	1.7	84.7	4.6	100.0	10.7
父子世帯	54	5.6	7.4	0.0	70.4	16.7	100.0	13.0
ふたり親世帯（母親）	1,218	4.8	0.5	0.7	89.3	4.6	100.0	6.1
ふたり親世帯（父親）	49	2.0	0.0	0.0	98.0	0.0	100.0	2.0

表５－４－１２b　自分が成人する前に親による虐待被害の経験割合

	N	①身体的暴力のみあり	②育児放棄のみあり	③両方あり	④両方なし	不詳	合計	(再掲）いずれかあり(①、②、③合計)
母子世帯	653	9.0	1.8	2.0	82.7	4.4	100.0	12.9
父子世帯	54	5.6	0.0	1.9	81.5	11.1	100.0	7.4
ふたり親世帯（母親）	1,218	5.7	1.0	0.7	89.3	3.3	100.0	7.4
ふたり親世帯（父親）	49	4.1	0.0	2.0	93.9	0.0	100.0	6.1

図５－４－１２a　児童虐待の被害経験の有無別、加害者だった割合（%）

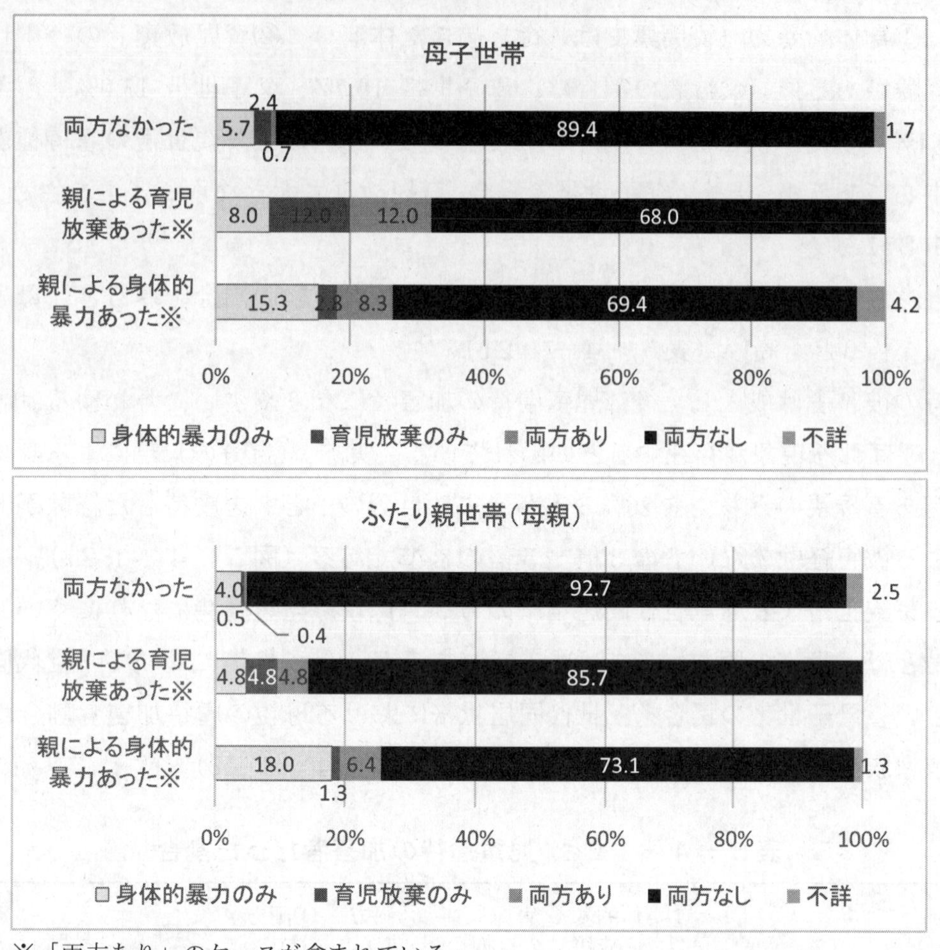

※「両方あり」のケースが含まれている。

図５－４－１２b　三世代同居有無別、児童虐待の加害者だった割合（%）

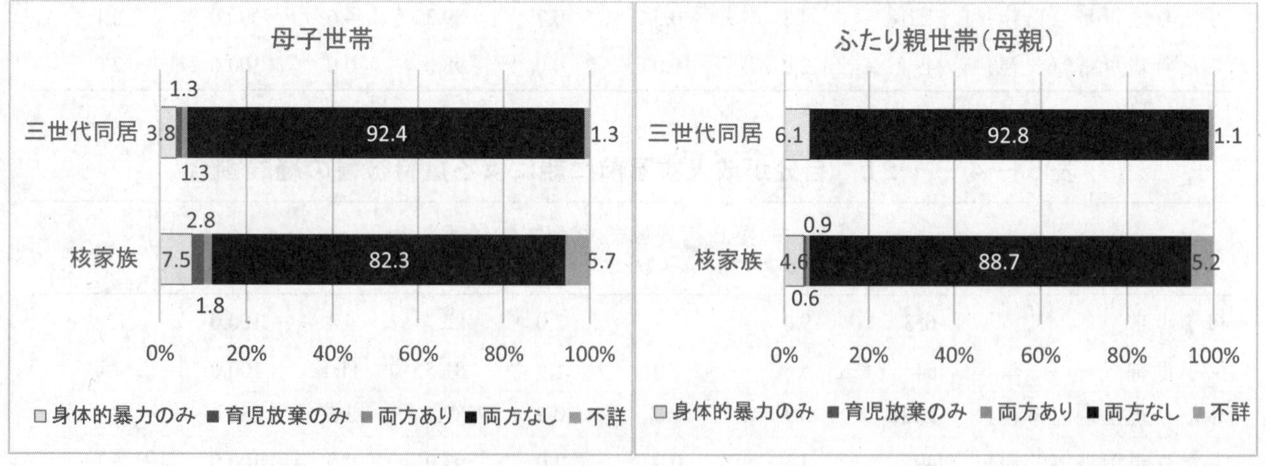

5　子育て世帯への支援

（1）祖父母による援助—同居、近居、準近居、別居順に減少

子どもの祖父母から月に２回以上の子どもの世話や家事支援、いわゆる「世話的援助」を受けている世帯は、母子世帯30.9%、父子世帯46.3%、ふたり親世帯32.8%となっており、父子世帯に対する援助割合が高い（表５－５－１a）。

一方、祖父母から年数回以上の経済的援助を受けている世帯の割合は、上述の世話的援助よりやや低く、いずれの世帯類型も２割台であるが、母子世帯に対する援助割合（21.7%）はその中ではもっとも低い（表５－５－１b）。

祖父母から援助の頻度は、住居の構え方に大きく左右されると言われている。子どもの祖母との住居の構え方を「同居」、徒歩圏内の「近居」、片道１時間未満の「準近居」、「別居」および「該当母親はいない」という５通りに分類すると、同居・近居・準近居の割合は、母子世帯73.1%、父子世帯64.8%、ふたり親世帯76.4%となっている。子育て中の女性の約４分の３は、祖母と１時間圏内で住居を構えている（表５－５－１c）。

実際、祖父母からの世話的援助の頻度は、同居、近居、準近居、別居順に低下していくことが確認できる（図５－５－１a左側）。経済的援助についても、同様な傾向が見られる（図５－５－１a右側）。

母親の就業形態別でみると、正社員の母親は祖父母から世話的援助を受ける割合が高くなっている（図５－５－１b左側）。一方、祖父母から経済的援助を受ける割合がもっとも高いのはパート主婦である（図５－５－１b右側）。

表５－５－１a　子どもの祖父母からの世話的援助

	N	週に3、4回以上	月に2回以上	月に1回程度	年に数回程度	年に1回程度	数年に1回程度	ほとんど受けていない	該当する祖父母はいない	不詳	合計	（再掲）月2回以上
母子世帯	653	22.8	8.1	4.6	4.9	0.6	0.8	23.6	28.2	6.4	100.0	30.9
父子世帯	54	33.3	13.0	0.0	7.4	0.0	0.0	9.3	31.5	5.6	100.0	46.3
ふたり親世帯	1,267	16.7	16.1	7.8	14.9	3.7	1.3	30.5	5.5	3.5	100.0	32.8

表５－５－１b　子どもの祖父母からの経済的援助

	N	週に3、4回以上	月に2回以上	月に1回程度	年に数回程度	年に1回程度	数年に1回程度	ほとんど受けていない	該当する祖父母はいない	不詳	合計	（再掲）年数回以上
母子世帯	653	5.5	2.8	6.9	6.6	2.6	2.8	35.1	30.8	7.0	100.0	21.7
父子世帯	54	9.3	3.7	3.7	11.1	0.0	5.6	29.6	29.6	7.4	100.0	27.8
ふたり親世帯	1,267	2.8	4.3	7.5	15.2	5.8	5.5	46.7	8.1	4.0	100.0	29.8

表５－５－１c　子どもの祖母との住居の構え方

	N	同居	近居-徒歩圏内	準近居-片道1H未満	別居-片道1H以上	該当祖母はいない	不詳	合計	（再掲）同居・近居・準近居
母子世帯	653	27.1	16.9	29.1	12.9	10.6	3.5	100.0	73.1
父子世帯	54	35.2	14.8	14.8	14.8	11.1	9.3	100.0	64.8
ふたり親世帯	1,267	15.2	26.1	35.2	17.1	2.8	3.6	100.0	76.4

注：ふたり親世帯の場合、妻または夫の母親のうち、もっともアクセスしやすい居住状態にいる方を指している。

図５－５－１a　祖母との住居の構え方別、祖父母から援助ありの割合（%）

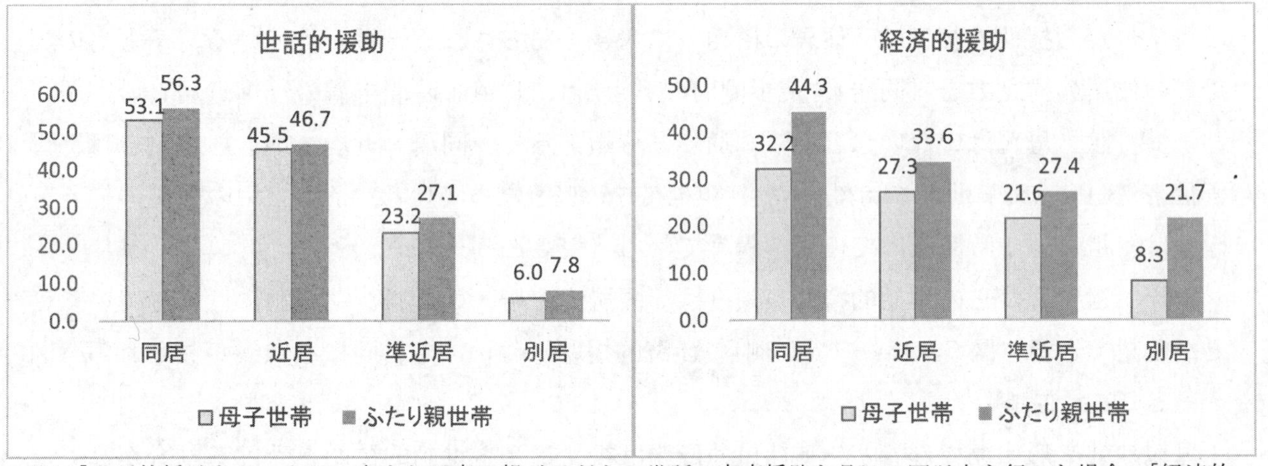

注：「世話的援助あり」とは、夫または妻の親が子どもの世話・家事援助を月に２回以上を行った場合、「経済的援助あり」とは、夫または妻の親が経済的援助を年に数回程度またはそれ以上の頻度で行った場合を指している。

図５－５－１b　母親の就業形態別、祖父母から援助ありの割合（%）

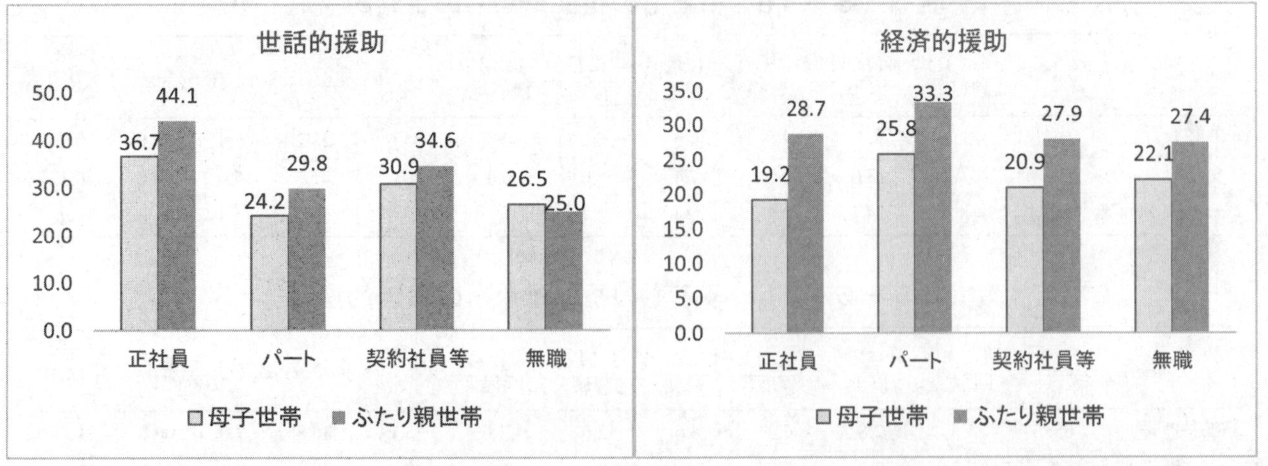

（2）祖父母以外の援助者―4～5割の世帯は「誰もいない」

子どもの祖父母以外に、子どもの世話・家事について援助してくれる人がいる世帯の割合は、母子世帯17.2%、父子世帯7.4%、ふたり親世帯12.5%となっている（表5－5－2a）。一方、金銭について援助してくれる祖父母以外の人は、いずれの世帯類型も5%未満である（表5－5－2b）。

世話的援助について頼れる人が「誰もいない」世帯の割合は、第2回調査以降に大きな変化がなく、おおむね25%前後で推移している。一方、金銭的援助について頼れる人が「誰もいない」世帯の割合は、母子世帯が51.5%、ふたり親世帯が39.9%であり、6年前よりそれぞれ4ポイントと2ポイント上昇している（図5－5－2）。

表5－5－2a　子どもの世話・家事について援助してくれる人（複数回答）

	N	①自分の親	②配偶者の親	③親以外の親族	④知人・友人等	⑤誰もいない	不詳	合計	（再掲）親以外の人
母子世帯	653	62.5	2.8	11.3	7.4	27.3	3.2	114.4	17.2
父子世帯	54	63.0	16.7	1.9	7.4	20.4	5.6	114.8	7.4
ふたり親世帯	1,267	53.1	34.9	7.7	5.8	25.8	2.2	129.6	12.5

注：複数回答なので、再掲は③と④の合計とはならない。以下同じ。

表5－5－2b　金銭について援助してくれる人（複数回答）

	N	①自分の親	②配偶者の親	③親以外の親族	④知人・友人等	⑤誰もいない	不詳	合計	（再掲）親以外の人
母子世帯	653	42.1	1.8	3.1	1.4	51.5	4.6	104.4	4.3
父子世帯	54	35.2	3.7	1.9	0.0	48.1	11.1	100.0	1.9
ふたり親世帯	1,267	43.7	32.1	3.3	0.2	39.9	4.0	123.2	3.4

図5－5－2　頼れる人が「誰もいない」割合の推移（%）

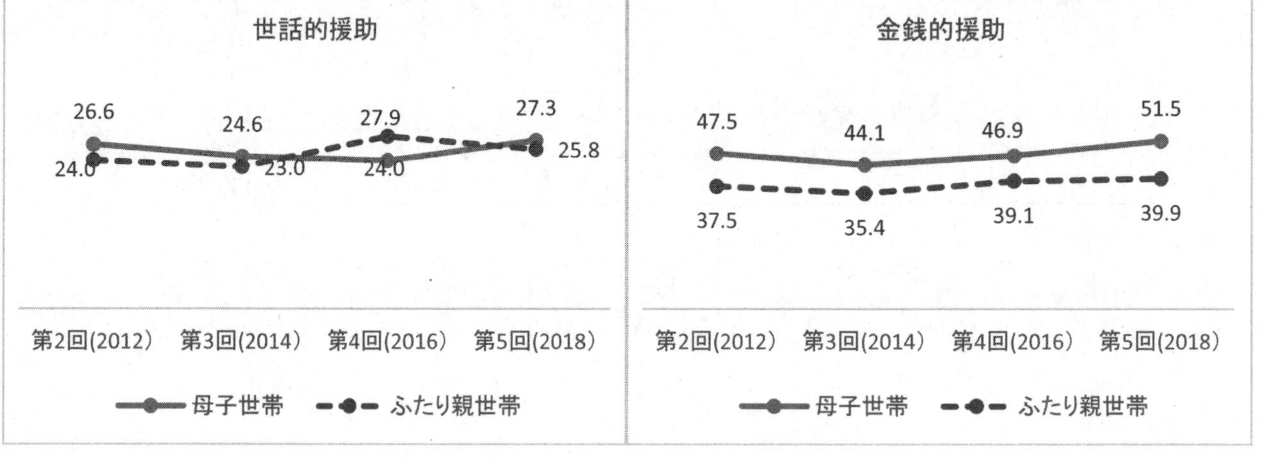

（３）認可保育所の利用―ふたり親世帯の５割強は利用経験なし

認可保育所を利用した経験がある世帯の割合は、母子世帯 65.2%、父子世帯 64.8%、ふたり親世帯 45.9%となっている。ひとり親世帯に比べて、ふたり親世帯は認可保育所の利用率が低いものの、幼稚園の預かり保育の利用率（25.3%）やいずれの保育施設も利用しなかった割合（23.6%）が高い（表５－５－３a）。

いずれの世帯類型においても、認可保育所を利用しなかった理由に、「必要がなかった」がもっとも多い。それ以外の理由について、母子世帯ではもっとも多いが「審査基準が厳しく、申請しても無駄だと思った」（4.4%）および「他の認可外保育施設に子どもを預けていた」（4.4%）である。ふたり親世帯にもっとも多く見られる理由は「保育所の場所が不便だった」（5.5%）、次いでは「審査基準が厳しく、申請しても無駄だと思った」（5.0%）である（表５－５－３b）。

子どもが認可保育所の待機児童になった経験がある世帯の割合は、母子世帯 12.4%、父子世帯 5.6%、ふたり親世帯 11.1%である。末子が未就学児の世帯で該当割合が高くなっている（表５－５－３c）。

子どもが待機児童になった時の対応について、母子世帯は「認可外保育施設等を利用した」（42.0%）、ふたり親世帯は「育休を延長した」（34.3%）がもっとも多い（表５－５－３d）。

表５－５－３a　保育施設の利用経験（複数回答）

	母子世帯	父子世帯	ふたり親世帯
N	653	54	1,267
認可保育所	65.2	64.8	45.9
幼稚園預かり保育	15.5	9.3	25.3
認定こども園	11.0	5.6	10.6
ファミリーサポート事業	5.1	3.7	5.3
小規模保育	3.5	0.0	4.4
病児・病後児保育	6.6	5.6	4.4
事業所内保育所	4.3	1.9	3.1
認証保育所	4.1	3.7	2.8
短期特例保育	0.6	1.9	1.0
保育ママ	0.9	1.9	0.5
ベビーホテル	0.2	0.0	0.2
上記いずれも利用しなかった	15.6	20.4	23.6
不詳	3.7	1.9	3.6
合計	136.3	120.4	130.7

表５－５－３b　認可保育所を利用しなかった理由（複数回答）

（母子世帯）

	貧困世帯	全体
N	60	227
必要がなかった	65.0	48.9
審査基準が厳しく、申請しても無駄だと思った	6.7	4.4
他の認可外保育施設に子どもを預けていた	6.7	4.4
その他の理由	1.7	4.4
働いた場合の収入に比べて保育料が高かった	1.7	3.1
保育内容や保育者の質に満足できなかった	0.0	1.3
保育所の場所が不便だった	1.7	0.4
保育時間が合わなかった	0.0	0.0
不詳	18.3	35.7

（ふたり親世帯）

	貧困世帯	全体
N	22	685
必要がなかった	68.2	61.2
保育所の場所が不便だった	0.0	5.5
審査基準が厳しく、申請しても無駄だと思った	4.5	5.0
働いた場合の収入に比べて保育料が高かった	4.5	4.1
保育内容や保育者の質に満足できなかった	4.5	2.9
他の認可外保育施設に子どもを預けていた	0.0	1.3
保育時間が合わなかった	0.0	1.2
その他の理由	4.5	0.6
不詳	18.2	24.1

表５－５－３c　子どもが認可保育所の待機児童になった経験がある割合

	母子世帯	父子世帯	ふたり親世帯
0～2歳	19.5	－	18.8
3～5歳	19.7	－	15.1
6～14歳	13.3	－	7.6
15～17歳	5.0	－	5.4
全体※	12.4	5.6	11.1

※全体に末子年齢不詳の世帯が含まれている。

表５－５－３d　子どもが待機児童になった時の対応（複数回答）

	母子世帯	ふたり親世帯
認可外保育施設等を利用した	42.0	33.6
育休を延長した	13.6	34.3
勤務形態を変えた	8.6	2.1
労働時間を短縮した	7.4	4.3
勤務先を変えた	6.2	3.6
仕事をやめた	4.9	5.0
その他	32.1	25.7
不詳	0.0	2.1
合計	114.8	110.7

（4）学童保育―母親が正社員として働く世帯の利用率が高い

日中保護者が家庭にいない、10歳未満の小学生児童（一部の自治体では４年生以上も可能）を対象に行っている保育サービス、いわゆる「学童保育」への需要は、近年増加傾向にある。６歳以上子どものいる世帯のうち、現在もしくは過去に学童保育を利用したことがある世帯は、母子世帯44.6%、父子世帯40.7%、ふたり親世帯26.8%、調査開始以降増加傾向が続いている（表５－５－４、図５－５―４a）。

母親の就業形態別でみると、母親が正社員として働く世帯では、学童保育の利用経験率が高くなっている（図５－５－４b）。

表５－５－４　学童保育の利用状況

	N	今利用している	過去に利用したことがある	利用経験はないが、今後利用したい	利用経験はなく、今後も利用するつもりはない	制度を知らない	不詳	合計	（再掲）利用経験あり
母子世帯	653	13.9	30.6	10.4	30.5	6.9	7.7	100.0	44.6
父子世帯	54	13.0	27.8	1.9	29.6	13.0	14.8	100.0	40.7
ふたり親世帯	1,267	7.6	19.3	21.6	42.0	5.5	4.1	100.0	26.8

注：第１子が６歳以上の世帯に関する集計結果。以下同じ。

図５－５－４a　学童保育の利用経験がある世帯の割合推移（%）

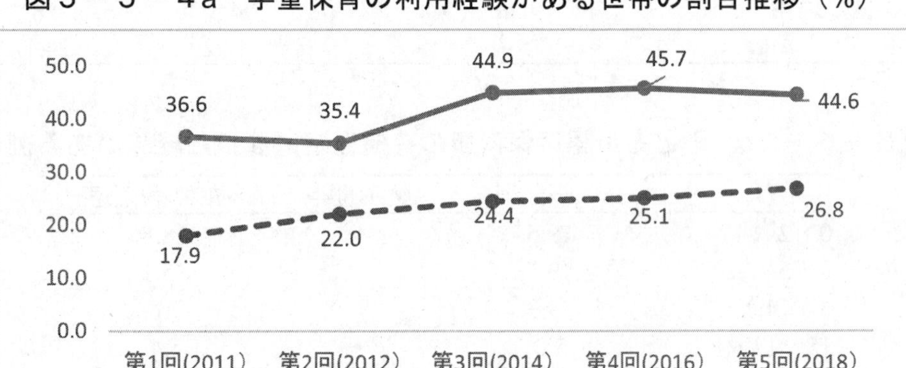

図５－５－４b　母親の就業形態別、学童保育の利用状況（%）

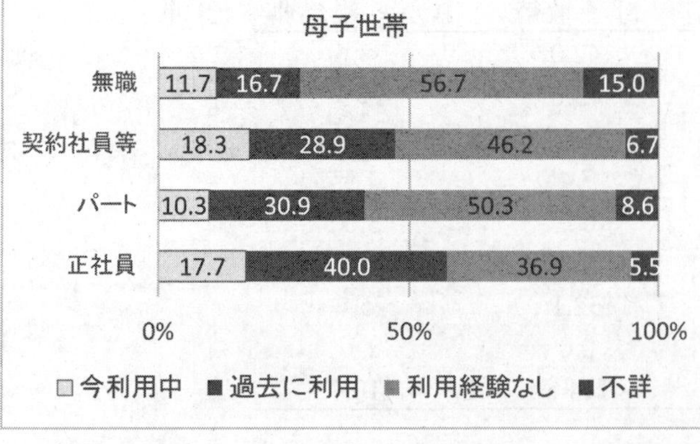

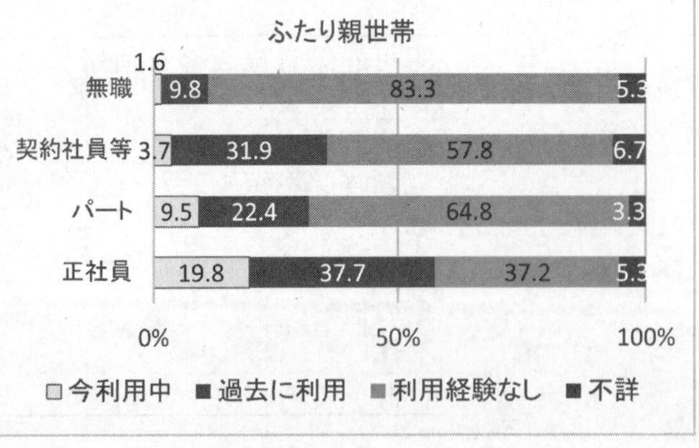

（5）育児休業制度の利用経験―パート・契約社員の利用が加速

育児期の就業を支える代表的な制度が、「育児休業制度」である。1992 年に育児休業法（現在の育児・介護休業法）が施行されて以来、育児休業取得者は増えていた。2018 年調査前年の１年間に在職中に子どもが生まれた男女のうち、育児休業を取得した者の割合は、女性が 82.2%、男性が 6.2%（厚生労働省「平成 30 年度雇用均等基本調査（速報版）」）となっている。

今回の JILPT 調査によれば、無職者を含むこれまでに育児休業制度を利用したことがある者の割合（育休経験率）は、母子世帯 20.4%、父子世帯 1.9%、ふたり親世帯（母親）28.7%である（表５－５－５）。育休の利用経験がある母親の割合は、調査開始以降、上昇傾向が続いている（図５－５－５a）。

母親の就業形態別でみると、正社員として働く母親は、育休の利用経験率が高い。とくにふたり親世帯の母親の場合、育休経験率が７割に達している。一方、無職またはパートで働く母親は、育休経験率が１割～２割程度しかない（図５－５－４b）。

正社員の育休経験率が高いものの、第４回（2016）調査以降、頭打ちとなっている。パート、契約社員等の育休経験率は、第２回調査以降、上昇傾向が続いており、今回調査は２年前に比べて４～６ポイントの大幅増があった（図５－５－５c）。

表５－５－５　育児休業制度の利用状況

	N	今利用している	過去に利用したことがある	利用経験はないが、今後利用したい	利用経験はなく、今後も利用するつもりはない	制度を知らない	不詳	合計	（再掲）利用経験あり
母子世帯	653	0.9	19.5	8.9	49.2	12.4	9.2	100.0	20.4
父子世帯	54	0.0	1.9	1.9	63.0	13.0	20.4	100.0	1.9
ふたり親世帯（母親）	1,218	4.4	24.3	7.1	53.7	6.0	4.5	100.0	28.7

注：出産の前にすでに無業または退職していた母親を含む集計値である。

図５－５－５a　育休の利用経験がある母親の割合推移（%）

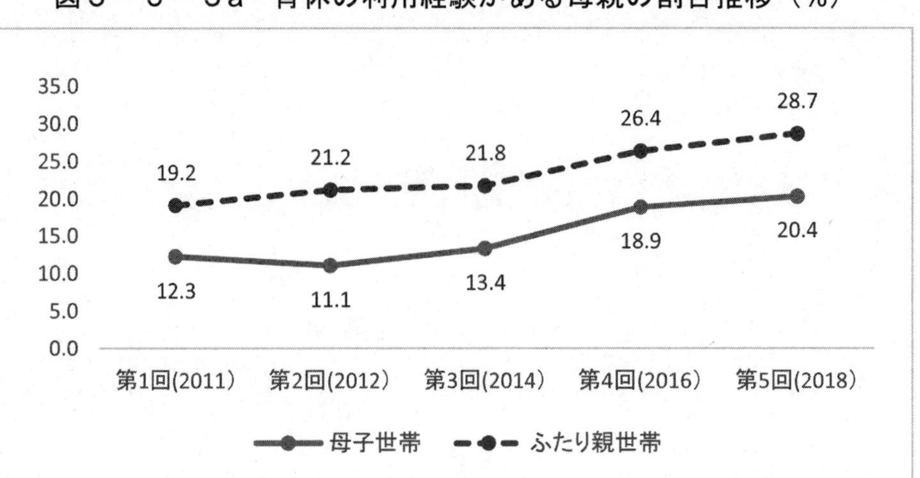

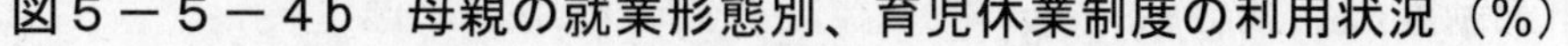

図５－５－４b　母親の就業形態別、育児休業制度の利用状況（%）

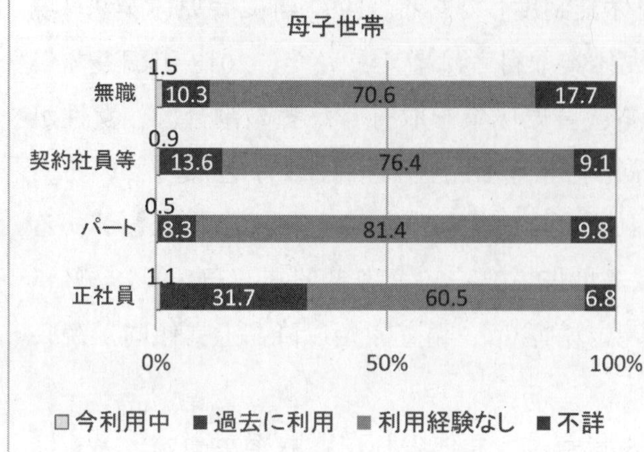

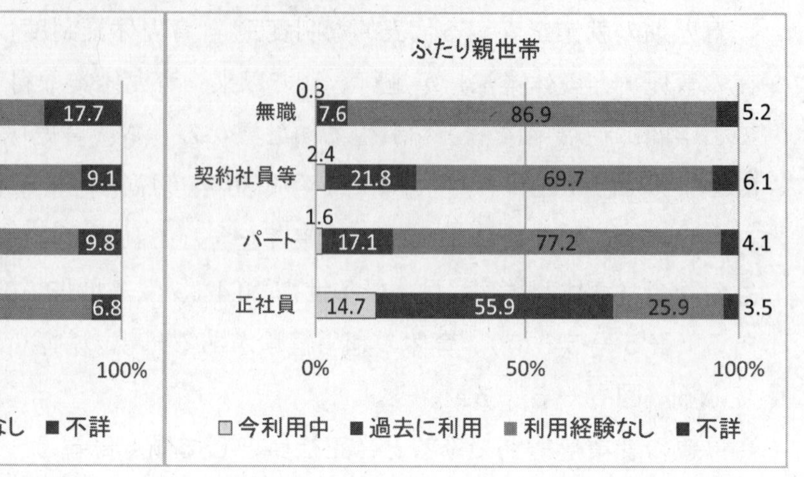

注：第１子が６歳以上の世帯に関する集計結果。

図５－５－５c　就業形態別、育休の利用経験がある母親の割合推移（%）

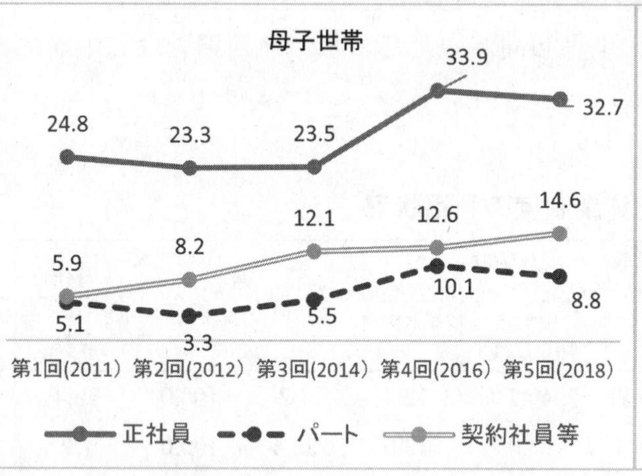

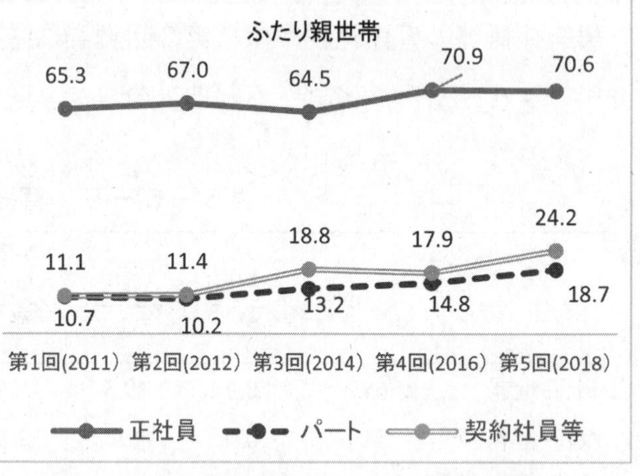

（６）短時間勤務制度の利用経験―ふたり親世帯の非正規が利用拡大

2010年に施行された改正育児・介護休業法では、３歳未満の子どもを養育している労働者については、事業主は、希望すれば利用できる１日原則６時間の短時間勤務制度を講じることが義務付けられている。また、３歳から小学校就学の始期に達するまでの子を養育する労働者については、希望する場合には原則として短時間勤務制度を講ずることが努力義務とされている。

これまでに短時間勤務制度を利用したことがある者の割合（時短経験率）は、母子世帯6.9%、父子世帯1.9%、ふたり親世帯（母親）12.2%である（表５－５－６）。時短の利用経験がある母親の割合は、第２回調査以降、上昇傾向が続いている（図５－５－６a）。

母親の就業形態別でみると、時短経験率は正社員の方（母子世帯11.4%、ふたり親世帯28.0%）ではとくに高くなっている（図５－５－６b）。ただし、第３回（2014）調査以降、ふたり親世帯では非正規の時短経験率が伸び続けているのに対して、正社員の方が伸び悩んでいる。母子世帯の場合、正社員の時短経験率は前回調査より１ポイントの上昇に止まっており、非正規では変わらないか（契約社員等）、下落している（パート）（図５－５－６c）。

表５－５－６　短時間勤務制度の利用状況

	N	今利用している	過去に利用したことがある	利用経験はないが、今後利用したい	利用経験はなく、今後も利用するつもりはない	制度を知らない	不詳	合計	（再掲）利用経験あり
母子世帯	653	2.0	4.9	12.3	41.4	28.3	11.2	100.0	6.9
父子世帯	54	0.0	1.9	5.6	51.9	20.4	20.4	100.0	1.9
ふたり親世帯（母親）	1,218	4.6	7.6	17.7	45.5	18.5	6.2	100.0	12.2

図５－５－６a　短時間勤務制度の利用経験がある母親の割合推移（%）

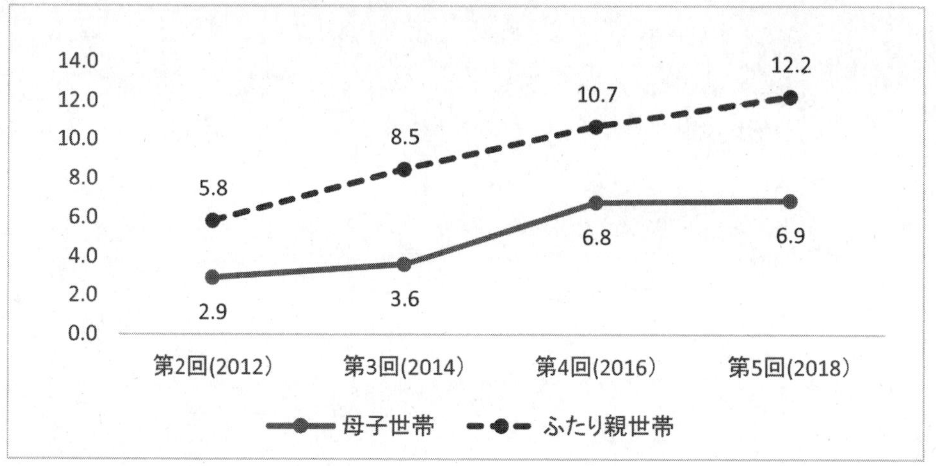

図５－５－６b　母親の就業形態別、短時間勤務制度の利用状況（%）

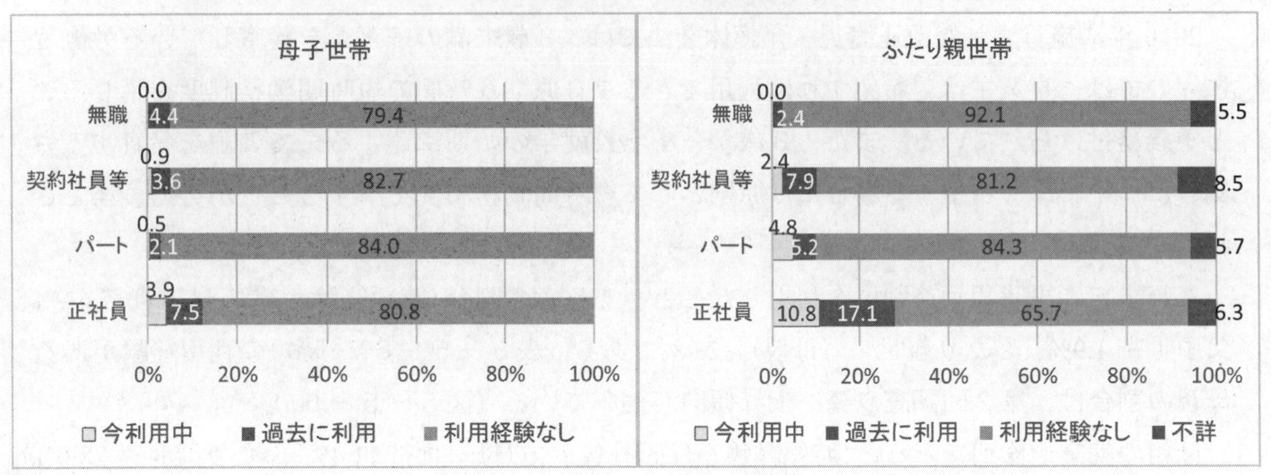

図５－５－６c　就業形態別、時短の利用経験がある母親の割合推移（%）

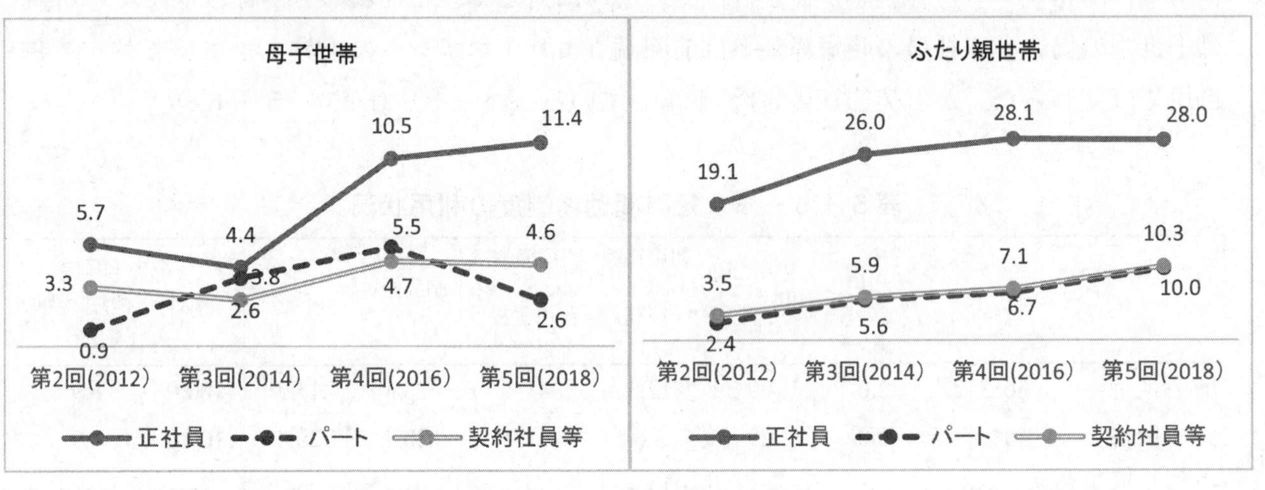

（７）就業支援制度の利用—利用割合の伸びが止まっている

子育て中の女性に手厚く就職支援を行う目的で、マザーズハローワークが 2006 年度から導入されている。また、ひとり親に職業訓練の資金を援助するために、「自立支援教育訓練給付金」と「高等職業訓練促進給付金」制度が 2003 年度に導入されている。前者は、指定教育訓練講座の受講費用の一部（費用の 60%、最大 20 万円※調査時点）を助成する制度で、後者は看護師等専門職の養成機関の在籍費用の一部（所得制限付きで月額 10 万円、最大 3 年間※調査時点）を生活の負担の軽減を目的として助成する制度である。

マザーズハローワークを利用したことがある母親の割合は、母子世帯 11.9%、ふたり親世帯 5.3%となっている。第 1 回（2011）調査以降は増加傾向が続いていたマザーズ HW の利用割合は、前回調査から頭打ちとなっている。また、「自立支援教育訓練促進費」または「高等技能訓練促進費」を受けたことがある母子世帯の母親の割合は、それぞれ 3.1%と 3.5%である。いずれの支援制度も利用割合が上がっていない（図５－５－７）。

図５－５－７　就業支援制度を利用したことがある母親の割合推移（%）

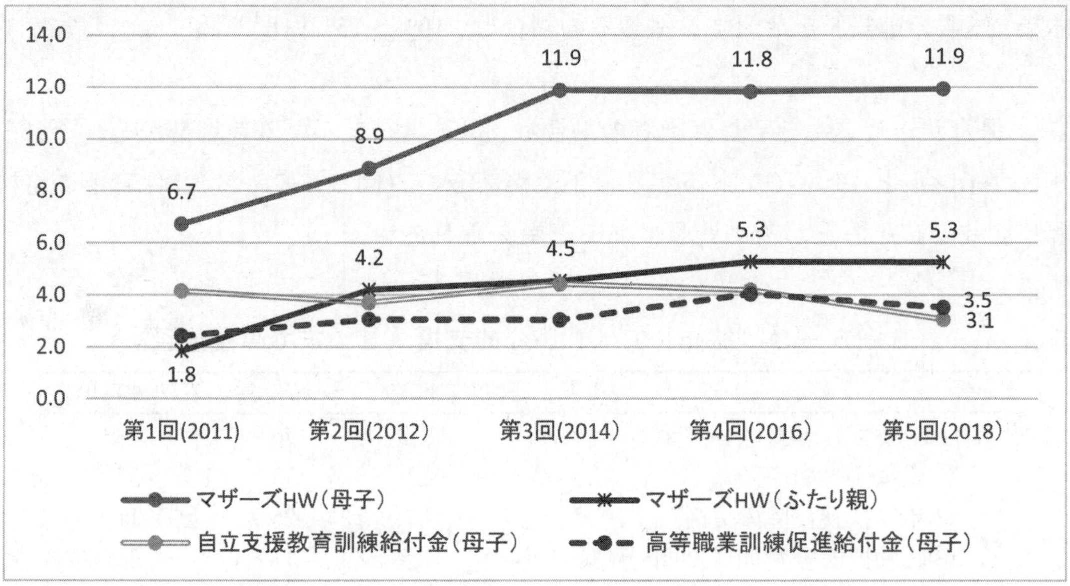

（8）拡充してほしい公的支援—保育サービスの拡充希望が減少

育児と就業を両立する上で、拡充してほしい公的支援についてたずねると、「児童手当の増額」、「乳幼児医療費助成期間の延長」、「職業訓練を受ける際の金銭的援助」、「年少扶養控除の復活」といった「金銭的援助」の拡充を望む保護者がもっとも多く、そのいずれかを選択した保護者の割合は、母子世帯 79.2%、父子世帯 76.9%、ふたり親世帯 78.6%となっている（表5－5－8）。

「（休日保育、延長保育等）保育サービスの多様化」、「病時・病後児保育制度の充実」、「保育所の増設」といった「保育サービス」の拡充を望む保護者の割合は、母子世帯 28.3%、父子世帯 38.9%、ふたり親世帯 44.5%となっている。「育児休業の法定期間の延長」または「子の看護休暇の法定期間の延長」といった「休業・休暇の期間延長」を希望する保護者は比較的少なく、全体の 4%～16%である。

拡充してほしい公的支援の種類別推移をみると、「金銭的支援」を望む保護者の割合は、調査開始以降に８割前後と高位水準を維持している。とくにふたり親世帯は「金銭的支援」を選ぶ割合が、前回調査より５ポイントも上昇し、母子世帯と並ぶ水準となっている。

「休業・休暇の延長」を希望する保護者の割合は、10%～15%程度と低位ながら安定的に推移している。

一方、「保育サービス」を望む保護者の割合は、母子世帯とふたり親世帯がそれぞれ前回調査より８ポイントと 13 ポイント下がり、下落が著しい（図５－５－８）。保育所の待機児童数が著しく減少したことがその背景にあると考えられる[4]。

表５－５－８　拡充してほしい公的支援（３つまでの複数回答）

	母子世帯	父子世帯	ふたり親世帯
金銭的支援（①～④のいずれか）	79.2	76.9	78.6
①児童手当の増額	65.9	73.1	57.6
②年少扶養控除の復活	7.7	26.9	11.1
③乳幼児医療費助成期間の延長	17.8	11.5	26.7
④職業訓練を受ける際の金銭的援助	20.3	7.7	22.3
保育サービス(⑤～⑦のいずれか)	28.3	38.9	44.5
⑤保育サービスの多様化	19.6	26.9	21.7
⑥保育所の増設	13.4	13.5	26.6
⑦病時・病後児保育制度の充実	7.9	13.5	18.4
休業・休暇の期間延長(⑧または⑨)	10.6	3.8	15.8
⑧育児休業の法定期間の延長	5.0	1.9	11.0
⑨子の看護休暇の法定期間の延長	6.2	1.9	7.7
N	596	52	1,189

[4] 厚生労働省の発表によると、2018 年 10 月の待機児童数は 47,198 人であり、前年同期と比較して 8,235 人も減少（15%減）した。

図５－５－８　拡充してほしい公的支援の種類別推移（%）

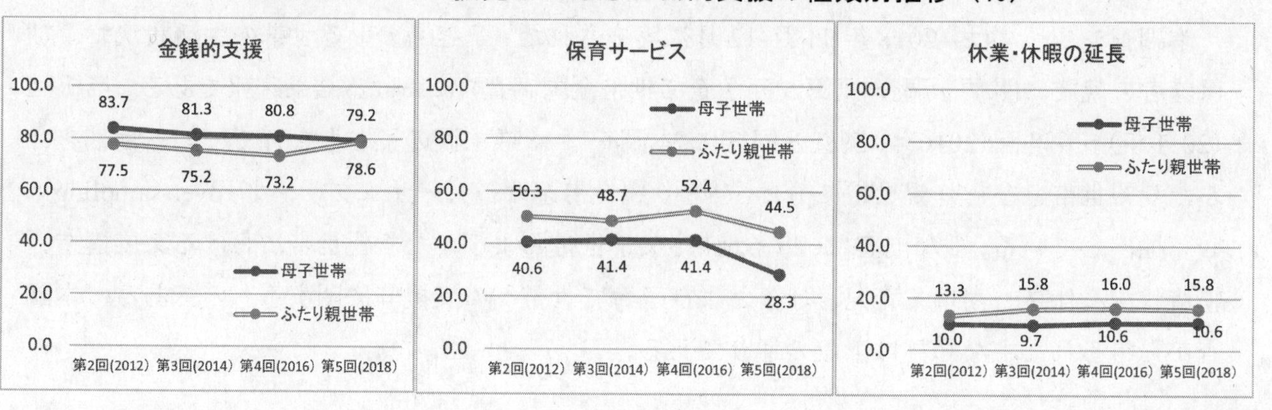

6　まとめ

本調査シリーズは、2018 年 11 月-12 月に実施された「子どものいる世帯の生活状況および保護者の就業に関する調査」（第 5 回子育て世帯全国調査）における結果速報である。第 1 回(2011 年)～第 4 回(2016 年)調査と同様に、本調査は 18 歳未満の子どもを育てている世帯を、ふたり親世帯とひとり親世帯に分け、ひとり親世帯をオーバーサンプリング (over-sampling) して抽出している。主な内容は、母子世帯、父子世帯およびふたり親世帯における家族構造、経済状況、仕事、家事・育児、仕事および子育て世帯への支援等に関するものである。本調査から得られた主な知見は下記の通りである。

第１に、母親の就業率と正社員率は上昇基調が続いているが、フルタイム就業の母親が前回調査よりわずかに減少した。

第２に、第１回調査以降、母親における平均就業年収の上昇基調が続いている。また、ふたり親世帯に比べて、母子世帯の方は、母親の収入上昇幅が大きい。

第３に、パート主婦の年収ボリュームゾーンは 100 万円未満であるが、就業時間調整の疑いが濃厚である「100～103 万円」ゾーンに 16%もの人が集中している。

第４に、女性のフルタイム（FT）割合が就業率ほど上がっていない。男女役割分業「従来型標準カップル」は、今も主流である。

第５に、父親の就業時間が 60 時間超えると、母親の FT 割合が顕著に下がり、無職率は上がる。父親の長時間労働解消は、女性の就業促進に積極的な効果が期待できる。

第６に、初職で正規雇用に就く割合の世代間格差が大きい。若いコホートほど初職正社員比率が総じて低下する傾向が見られる。

第７に、夫婦の合計家事時間は、夫家事参加の世帯ほど長くなるため、妻の家事時間が夫の家事参加によってそれほど短縮されてない。夫の家事効率性の改善や、家事総量の削減が課題である。

最後に、「金銭的支援」を望むふたり親世帯の割合が、前回調査より５ポイント上昇し、母子世帯と並ぶ水準（約８割）となっている。一方、保育サービスの拡充希望は前回調査より大幅に減少した。

付属資料１　自由記述の抜粋

自由記述の抜粋（困っていることや政策への期待）

※「非正規」に自営業、家族従業員等を含む。

1 保育

年齢	性別	仕事	世帯	自由記述
37	女	非正規	ふたり親	・保育園の時間が７～２０時だと助かる。・中学校の完全給食・児童センターの時間延長～１９時
33	女	無業	母子	日曜日預ってくれる保育園があれば、サービス業や福祉業など職業にとらわれずに仕事をしやすくなると思う。
34	女	非正規	ふたり親	ペップキッズなどの遊び場をもっと増やしてほしい。
33	女	非正規	ふたり親	生活のため、長い時間はたらきたいが育児、家事、仕事のふたんが大きく、協力なしでは、むり…
46	女	非正規	ふたり親	子供の送迎が大変（仕事を早く切り上げないとならない）。居住地は民家が少ないので、防犯が不安。元気なお年寄りが学校や部活とかかわりをもって、地域とつながりを持ってもらいたい。
39	女	非正規	ふたり親	病児保育や、支援の金額が高い為利用にためらってしまう。支援が負担になっている。
28	女	非正規	ふたり親	・社内託児所が増えれば、子供が体調不良の時もすぐ対応が出来るし、待機児童の軽減にも繋がると思う（乳児のみでも）。・登園時間が早い保育園は人気があるため入りにくいので、全体的に登園時間を早めたら、保育園の選択肢も広がりありがたい。
42	女	正社員	ふたり親	・子どもが病気のときに仕事を休めない。病時保育の充実、父親が育児参加しやすい制度、体制・夫が単身赴任しており、子どもに何かあるとすべて自分が対応しなくてはならない。子どものいる男性社員への配慮を企業には考えてほしい。
31	女	無業	ふたり親	頼りにならない配偶者。頼れる親族のいない子供を持つ親は本当に生きていくのが困難。そのような人でも安心して働ける環境、社会になれば良いと思う。今は頼れる人がいるため、何の不安もなく生活ができているからいいが、また以前のような環境下に置かれたら、もうどうしていいかわからない。
32	女	無業	ふたり親	保育所や幼稚園をふやしてほしい。一時保育を利用できる園をふやしてほしい。子どもの病気などで急に会社を休むことになっても負い目を感じる事がないようにしてほしい
42	女	無業	ふたり親	転勤が多くお互いの両親も遠方の為、子供小さいうちは仕事をする事が難しく、近くの保育園も定員がいっぱいだったりするので定員を増やしてほしい。

2 学童保育

年齢	性別	仕事	世帯	自由記述
45	女	非正規	ふたり親	預り保育、学童ができる施設の増。今、預ってもらっている学童は、満杯で、ぎりぎりまで預ってもらえるか分かりませんでした。保育代を安く。子育て支援として現金をばらまくよりも、安心していろんな制度で子供を預けられる場を増やしてほしい。なぜ、２人目、３人目は無料となるのに、１人目はならないのか、１人目から低く設定してほしい。しょうがないのだと思いつつ、ほしくてもできない親には、酷です。
37	女	無業	ふたり親	・私立幼稚園の保育料が高い・派遣で、扶養内で働ける求人が増えると良い・夏休み期間中の学童の開始時間が８時だと良い。お弁当毎日持参は大変なので、注文出来ると嬉しい。
42	女	非正規	母子	学童１８：００まで？ありえない。１９：００くらいまでにしてもらえないと働けない＝生活できない。学童＋ファミサポ等で支出がはんぱない
47	女	非正規	ふたり親	小学生。夏休みの学童保育の人数に制限があること。子供は学童保育に行きたくないが（気がのらない）親としては１人で長い時間の留守番は不安。兄たちがいるが部活や塾で不在することが多いのであてにならない
35	女	非正規	ふたり親	学童に入れないため、長時間勤務が難しい。学童以外に学童っぽいところがあれば良いなと思う。

3 医療費・児童手当など

年齢	性別	仕事	世帯	自由記述
38	女	非正規	ふたり親	子供の予防接種等・病気の検診等の負担を軽くしてほしい。
46	女	非正規	母子	消費税増税に伴い非課税世帯に対して援助支援があっても良いと思う。所得制限をかけ、所得の低い世帯への児童手当を手厚くしてほしい。
41	女	非正規	ふたり親	・児童手当の拡充。高校卒業までの授業料無償化。・消費税増税はきびしい。
41	女	正社員	母子	（母子）ひとり親家庭で、支援がぎりぎり受けることのできない収入の家庭では生活保護の方が、良い生活をしているように思います。税金も医療費をフルで支払えば、手元に残すお金なんて微々たるものです。１日フルで働いてるのに、なんか不公平に思う！！
44	女	無業	ふたり親	都道府県により医療費助成期間の違い、図書館や児童施設の充実が、かなりちがっている（都会で人口（子供の数）が多いからといって、必ずしも充実していない）。子育て中に転勤の経験がある為、これらのことがわかった。全国の格差をなくしてほしいです！

4 児童扶養手当

年齢	性別	仕事	世帯	自由記述
33	女	非正規	母子	今年の４月に、離婚したばかりですが、貯金もあまりなく、とても不安でした。それでも、離婚することは、私と子どもにとって１番、最良の道だったので悔いはないです。児童扶養手当はすぐにもらうことができないことと、１年以上たたないと、私の扶養親族として、子どもたちが判断されず、未だに扶養（０人）のままなので、実際に受けとる金額は少ないです。子どもたちには勝手な行動だったのかも…と考えさせられます。お金のことを考えると苦しいですが、シングルマザーとして、もう少し国からの援助があると助かります。家賃を少し出していただけるとか、市や町で、無料の塾などがあると助かります。仕事を終え、帰宅してから、子どもとの時間があまりない上に、宿題チェックや次の日の準備にてんてこ舞いです。市には遊ぶところもあまりなく、休みの日もつまらないです。子どもや親が自然と集まることができる場がほしいです。
47	女	非正規	母子	離婚したくても、相手が承諾しないため離婚できなく児童扶養手当の手続ができない。また、子供が大きくなる程出費が大きいので、手当等を高卒までしてもらうと助かります。
44	女	非正規	母子	仕事で努力して給料が上がると毎年児童扶養手当てが減らされる。給料が上がったり、残業をがんばっているのに、手当てがへるのは残念だ。けして高い給料をもらっているわけでもない。児童扶養手当ての２人目以降が安すぎると思う。１人増え、プラス５０００円で生活出来るわけがない。
46	女	正社員	母子	ひとり親世帯になって朝から遅くまで働いているのに、支援を受けるための手続きで時間、お金をとられてしまう。離婚後の児童扶養手当の手続きも大変でした。休憩時間を使って昼食とれずの時もありました
49	女	非正規	母子	児童扶養手当ての子供の人数分ほしい。（例）１人３００００円、２人６００００円ほしい。（現在）１人３００００→２人３５０００、差５千円。２０才まで母子父子の手当てほしい。
44	女	非正規	母子	転職するので収入が増えるので児童扶養手当が減るので不安。
34	女	非正規	母子	児童扶養手当を、収入の少ない人にはもっと増やしてほしいです。体調が悪く、働けないこともあるので、手当などで補えたらいいなと思います。
35	女	非正規	母子	ひとり親家庭です。児童フヨウ手当てについてです。親と同居してますが、世帯は別です。なのに親の収入（所得）をみて計算される為、もらえません。市町村でどうか良い方向に検討して頂けたらと思います。実際、多く声が上がっているのが事実です

5 ひとり親の悩み

年齢	性別	仕事	世帯	自由記述
40	女	正社員	母子	・自治体によって子供や母子家庭への支援が異なるため、わかりにくい
36	女	正社員	母子	・母子家庭に対する就業時間の配慮（遅番勤務なしｅｔｃ…）・臨時職員だとしても、扶養手当あり、家賃の一部負担ｅｔｃ…。・将来的に金銭的で子育てしていけるかという不安
49	女	非正規	母子	ひとり親世帯です。非正規でずっと安定していなく、収入も少ないです。子供の進学で私立高校にしかいけず、奨学金を借りていましたが、それでも足りず借金が増えました。下の子は公立にいかせたいと思っていますが、学校の他に塾などにかよわせるお金がなく公立にいけるか心配です。母子家庭の貧困は本当に深刻です。一生懸命に仕事と家事をして、子供と話すひまもなく子供と遊ぶ時間もお金もない。教育や子供にかかるお金は無料になるようにしてほしい。
48	女	非正規	母子	母子家庭でアルバイトなのでいくら働いてもお金が足りない。具合を悪くしていても休むと給料が減るため休めない。ＡＭ１：００～ＰＭ４：００まで休みなく働いて家事や子供と話す時間ももてない。困っていることです。
45	女	非正規	母子	・長男の反抗期が続いていて、どうすればいいか分からない。・母子家庭なので、今後、病気をしたりけがで働けなくなったときの生活や、進学。・父親との面会のむずかしさ。・父親が自宅に来ないか、心配。養育費もこれからもきちんと払ってもらえるか。
43	女	非正規	母子	・仕事がおそくなり、子供との時間が少なくなり両立がむずかしい。・子を持つ家庭に対して考慮してくれる会社が少ないと思う。・母子家庭でも、子供を優先する事ができて、時間も考慮してくれてなどと理解ある会社が増えてくれれば、多くの人が働きやすいのではと思ってます！
43	女	非正規	母子	家賃やガス代…母子家庭に割引をしてほしい。母子家庭だけのアパートを多くたててくれれば安心だし、交流できていいと思う。
40	女	無業	母子	母子家庭のため、収入が不安定である。現在資格取得のため、学校に通っているが、給付金を使っても日々の暮らしが難しい。ほとんど実親の援助で成り立っているため、目的を持って資格取得をしている人には給付金の額を上げてほしい
43	女	無業	母子	・幼児ばかりでなくいちばんお金が必要となる高校卒業時に向けての支援を強く願う。お金がないからあきらめることばかり。母子、父子家庭に手厚くしてもらいたい。１日１日の食費でも困っている、ような生活。どんなにがんばっても、１人で育てている人、両親もいない人は子供の進学や学費は、とても、たりるものではない。大学、専門学校の費用がたかすぎる。
30	女	非正規	母子	母子家庭に対する支援制度は色々あるが、今現在経済的支援はほぼ受けられない（働いているため）。働いている方が損しているような気がする。休暇にしても、母子家庭で子供２人分の行事や病気に対応していると全く足りないので、改善すべきだと思う。
45	男	非正規	父子	シングルファザーに厳しい。圧倒的にシングルマザーが多く、シングルファザーに焦点はあたらない。行政の支援はほとんどなく、相談しても何もない。私の場合、夜勤時の子供の看護に苦慮しており、知人の協力が得られない時は、子どもたち（５才、１０才）だけで自宅において寝泊まりしている。調停証書には別居する旨明記されているが、籍が残っており、収入もあることから、公的な支援は何もありません。周囲の友人だけが頼りです。ちなみに母は亡くなっており、父は子育てできず、拒否しています。どうしょうもない時は子ども２人だけ新幹線に乗せて大阪のおばに預けています。
50	女	非正規	母子	母子家庭は家計が苦しく国の方から中学までは援助があるが、高校行っても、お金がかかるので高校卒業ぐらいまでは援助があると助かりまか。家計が苦しく塾にも行かせられない。これから高校受験なのにどうしようか、困っています
49	女	非正規	母子	過去に、母子家庭で子供が喘息発作や先生との関係で不登校の時期がありました。仕事を休みがちになり生活費が大変でした。子供が勉強に集中出来る部屋の確保が出来ない。母子世帯の住宅問題…。県営市営の募集も少ない。民間マンションを貸りてるがその場合住宅手当の様な物があると助かります。
37	男	非正規	父子	父子家庭に対する支援、サービスをしてほしい。経済的にも、支援を受ける年収よりギリギリあるために受けれない。経済的な支援があったらよいと思う。父子家庭でも働きやすくしてほしい。残業などがある為
35	女	非正規	母子	８年前から母子家庭です。その当時手当てがありずいぶん助けられました。自立に向けて懸命に働いてきました。が、所得が上がるにつれ差し引かれる税金は多くなり、手当てもなくなってしまいます（良い事ではありますが…）。所得が上がり、働く時間がふえ、家事や育事に手が回りません。保健室から呼ばれてもすぐに行けない時もあります。子供の送迎や家事代行を気軽に利用したいです。そのようなサービスがあれば良いな～と思っています。

6 障害児を持つ親の悩み

年齢	性別	仕事	世帯	自由記述
35	女	非正規	ふたり親	幼児期に発達遅延の子が伸ばすことができる施設や定期的な催しへの支援を拡充してほしい。幼児期に適切に指導や訓練をしたら、健常児になれるのに支援の施設がないから。
39	女	正社員	ふたり親	高校生の子供が知的障害にて、支援学校へ通っている。卒業後の就職が不安。障害者が働ける就職先を増やしてほしい。
42	女	正社員	ふたり親	ＡＤＨＤやアスペルガーなど発達障害の子どもについての理解、対応、支援の仕方を、多くの人たちに伝えるセミナーや講演会の開催。
32	女	無業	ふたり親	・子供が遊べる場所を提供して欲しい（公園や児童館など）。遊ぶ場所がなさすぎて、人の家やゲーセンとかで集まって過ごすことになる。・発達障害などの子供に対する療育制度をもっと充実させて欲しい。周りの人は相談しても他人事に過ぎないので、納得できる答えをもらえなかったり、人手不足で市の制度を使えず、結局、片道車で３０分くらいの病院までリハビリすることになって困っている。また費用も実費だし、負担がかかる。
41	女	無業	ふたり親	・子供に障害があるため、自分たちが世話をできなくなった時、誰かに面倒をみてもらいながら幸せに人生を全うできるのか心配です。障害者の就労、福祉サービスの充実などを期待しています。・今、子供が小学１年生なので、今後ＰＴＡ役員等が回ってくることを考えると、自分の体力面も考慮し、求職する気持ちになれません（幼稚園のＰＴＡがあまりにも大変だったので）。ＰＴＡの負担軽減を望みます。
36	女	正社員	母子	子どもが成長したらフルタイム勤務を希望していますが、子どもが身体障がいと知的障がいを持っているため、預かってもらえる場所が無く、短時間勤務しかできない現状である事に困っています。
38	女	無業	ふたり親	小学校の一人息子が、現在、不登校中です（発達障害、二次障害を発症）。今、住んでいる地域には、「フリースクール」というのがありません。フリースクールがある場所を探そうとしても、結局は中学生からだったり、場所によっては遠かったりしてしまいます。「適応指導教室」しかないのですが、中学生が多く、行きたがりません。なので、現在、新築に、中古マンション、アパートなどの広告を利用し、掲さいされていますが、そうではなく、一室を利用してもよいので、理由あって学校に行けない子供達を対象にしたフリースクール教室を増設してほしい、と思っています。空き家を利用してもよい、と思います

7 教育・学費

年齢	性別	仕事	世帯	自由記述
43	女	正社員	母子	・義務教育を終え、金銭的に高額がかかってくる教育費があるのに、行政からの手当て支給が終ってしまった事。私自身、年齢もあがり、体力に衰えを感じながらも、仕事をセーブもできず、更に働かなければならない現実がある。
51	女	無業	母子	来年から幼児教育・保育無償化が実施されるのは有難いが、学費は年齢と共に上がっていく。経済格差がそのまま学力格差につながるのは仕方無いのかもしれないが、それだと未来に希望が持てないので、進学や就職の機会を増やす支援を期待します。
43	女	非正規	母子	子供が去年11月から不登校になりました。今年夏に発達障害と診断され、本人は誰とも会いたくなく、ほとんどを家の中で過ごしています。担任の先生はとても協力的ですが、本人が外に行きたくなく、私も働いている為、勉強もほとんど見てあげられず、市内の放課後デイなども見学に行きましたが、自分の子に合う所がなく時間だけが過ぎてしまい不安があります。勉強は自分（親）が何とか見るしかないのでしょうか？
51	女	非正規	ふたり親	・子供の進学にかかる費用の心配。又、子供が奨学金を借りた場合の長期に係る返済の心配。・親が、教育ローンを借りることが、出来るのか、心配。・仕事の賃金が上がらず、ボーナスもない状態で、物価が上がり、生活ができなくなるのではないかという不安に毎日、悩まされている。学費が、安くなってほしい。
38	女	非正規	ふたり親	幼、小、中、高での完全給食。給食費の公費負担。幼、小、中学生の医療費無料化
53	女	正社員	ふたり親	子供（大学）の大学授業料がかかる時に、親の介護費用が重なる場合、どちらを優先しなければいけないのか、金銭的に悩む。公的な安く入れる老人ホームを作ってほしい。
44	女	正社員	母子	給付型奨学金。やる気のある子の努力が、親の経済力により報われないのはつらい。
45	女	非正規	母子	親の収入が悪いと勉強が出来ないと言われる事。塾ありきの学校の体制。負の連鎖を立ち切り、子供に明るい未来と希望を持って生きて行ける社会になって欲しい。現実は厳しい
46	女	非正規	ふたり親	不登校の子供がいる家庭の支援（相談する場所）など
41	女	非正規	母子	今まで1人で3人の子育てをしながら仕事もがんばってこれましたが、去年検診で子宮がんの手前の病状が見つかり手術を受け、仕事も1週間休むことがありました。これから高校、大学とお金のかかる時期でもあり、病気などで働けなかった時の大学までの支援など国や県からの補助があると安心できると思います。国からお金を借りて大学に行くのではなく、安心して大学まで行き、ちゃんとした仕事に就いてほしいと考えています。
49	女	非正規	母子	不登校でひきこもりの子供に対応してほしいです。うちの16才の子供4月から、ほぼ家からでてないです。子供に心のひらきを、国に力をかしてほしいです。
49	女	非正規	ふたり親	我が家は高年齢出産の為、現在は収入もあり子どもの費用も大丈夫ですが、将来的にはかなり不安です。子どもが高・大学の頃には収入がありませんのでかなり苦しいです。出生数を増やすために手当て増や保育料の無償などがされてきていますが、子どもの全過程において支援をしていって欲しいと思います。そうでないと、なかなか子どもを持つ勇気（？）がもてないですし、能力のある子にチャンスが与えられていないと思います（大学進学や、他、技術を身につけるなど）。子ども達が、働いてくれてこそ、国の未来もあると思うので、その投資はすべきかと思います。
50	女	非正規	ふたり親	子供が不登校になった場合のサポート支援の強化。これからの時代、食物やさまざまな影響により、発達障害児や不登校児が増えていく可能性がある。母親の負担が少しでも軽くなれば親子とも安心して過ごせる社会になるのではないだろうか。
47	女	正社員	ふたり親	正社員の割には給与が安く、責任が重すぎると感じる。高校、大学進学と子供にお金がかかるので援助、もしくは、学費の無償化を進めてほしい。又、地方に企業が少ないため、労働人口が都市部へ流れていってしまい、地方はますます高齢化となり活気がなくなる。地方へ大学や企業を誘致し、都市と地方の差がなくなってほしいと思います。
40	女	非正規	母子	数字の上では児童扶養手当てを受けていなくても実際は生活は厳しい状態。何とか習い事は通わせられても学習塾となると子供の人数分は難しい。今後の学習の格差が怖い。親がみてあげられるのには限界があります。住んでいる生活圏内に学習支援していただける場所を作っていただくか、助成をしていただけることを期待します
42	女	非正規	母子	フルタイムで仕事をしている為、子供の学校の担当と連絡を取る時間が、17：00以降になってしまうのだが、明らかに、嫌そうな態度を取られるので、大変気を使う。時間外でも、遠慮なく、話が出来る様な環境作りもして欲しい。
49	女	非正規	母子	・自立して収入を得る為のスキル（資格にとらわれずコミュニケーション能力、管理能力）向上支援。・学費の支援。・投資の必要性、知識習得の講座☆父親の養育費支払いに対する強制力、又は、行政による立替支払、請求。支払率が低すぎる。調停離婚し取決めたが1回も支払われない。弁護士を利用するにも費用が高すぎて手がでず泣き寝入りになっている。取り立ててほしい。会社員ではない為差押さえもできない。
51	女	無回答	母子	離婚後、子供を就学させるため一生懸命、働いてはいるが、高校卒業後、大学進学を希望しているため、又そこで、就学の援助（奨学金）等を受けないと就学は困難である。自身もダブルワークで生活を行っているが、年々体がついていかず、無理をしている状態。自身が元気な老後をむかえることができるのか、又、今受けている援助の返済も有、いつまで働くことになるのかが不安である。乳、幼児期の国や市の援助も助かるが、子供の成長と共に高額のお金がかかりすぎる（学費←本当に考えてほしい！！）子供自身も、学業と共にバイトはやむを得ない状況である

8 企業の育児支援制度

年齢	性別	仕事	世帯	自由記述
27	女	非正規	ふたり親	前職をやめた理由が、子供を３歳まで見たい・周りに頼り人がいない為でした。やめずに、時短を利用して仕事をする事も考えましたが、それも利用ですぎ、やめました。育休を３歳まで取得（可）、時短への企業側の理解を期待したく思います。また、一時預かりを頼みたくとも、受入れがしてもらえない事もあり、もっと受入れしてくれる所があれば嬉しいです。（保育園側から、人数がいっぱいで…と断られます。）
31	女	正社員	ふたり親	・夫の収入をふやし、妻の働く時間が遅くならないようにしてほしい。子どもと過ごす時間がほしい。子どもとの時間をつくりたいけど、お金も必要なので。子どもの、保育や教育を１番にしてほしいので、無償にすることで、他のことへ取りくめると思う。子の夜なき、体調もあるので、母親に負担がかからないような、仕事時間、育休、を取り入れてほしい
33	女	正社員	ふたり親	育休・産休取得が制度上あるが体質の古い上司からは思いきり嫌な顔をされる。私の場合は直属の上司がそうで、産前休暇中なのに働かされ、産後も何度もでんわがきて早くに復帰させられ、その上でまわりにも「女が休んで周りに迷惑かけて、こっちの方が逆マタハラだ！」とさわがれました。いちばん力の強い上司だったので、みんなおかしいと言いつつ誰も止めてくれませんでした。こういう古い体質、消え失せてほしいです
38	女	正社員	ふたり親	産休、育休制度をつかえる企業に就業している場合、４月からの子どもの保育園入園に向けて１１月の認可保育園への申請ができる（４月入園でなくても、育休が明ける日にちは決められるので、それに合わせて申請できる）。しかし、私のような嘱託職員でしか採用がない職種（学校や市施設での不登校対応教員）は、例年２、３月に募集があるため、１１月の段階では４月～働ける保障がない。保育園の申請ができないため、正職員の育休明けの人と同じスタートラインに立てないことにいつも疑問を感じている。誰もが正職員で産休育休をとれるわけではないのに、制度はいつもその人たちに合わせてつくられている。
42	女	非正規	ふたり親	時短勤務で働いているが、残業ができないので仕事を持ち帰っている。その分の手当てがないので、在宅分を認めてもらえるような仕組みを考えてほしい。
43	女	非正規	ふたり親	育児休暇が最長２年まで延長となったが、子の出生日にもよるが実際には４月の保育園入所に合わせて復職出来る環境を整えなければ年度の途中の入所は更に難しい状況である。制度が有効に活用される為にも、年度途中の保育所の受け入れ体制など、整備されると良いと思う。
54	女	無業	ふたり親	行政…相談窓口や対応窓口が縦割りのためできるだけワンストップサービスをつくってほしい。企業…全ての社員と家族が健康的に生活もできて働ける風土をつくってほしい。残業をへらす、休暇は必ずとる。女性だけが育休を取っても母親だけに負担がかかる。社会…家庭というのは、家族全員の協力があってこそなりたつという考えが根付いてほしい。育児や家事は女性（母）だけするものではないと思う。
39	女	無業	ふたり親	給与が少なく生活できない。働くためには子供を預ける必要があるが求職中の人は認可保育園のポイントも低く入れない。子供がいても働ける環境が欲しい。また夫は常に深夜１２～１時に帰るため自分が働きに出ると家事、育児、仕事をこなす体力、気力、時間がない。夫が気軽に育休や育児のために早く（せめて定時）帰宅できる環境がほしい。働けない理由は２つ目の方が大きい。
39	女	非正規	ふたり親	企業では時短勤務の期間がもうけてありますが、会社によって形態が様々です。就学と同じにフルタイムに戻るという所が多く感じられます。せめて中学校入学まで時短可能という選択ができるようになってほしいです。法律で小６まで時短可能となってくれればより多くの女性が仕事を続けられると思います。
51	女	正社員	ふたり親	正社員と派遣社員（非正規）の格差がひどいと感じます。特に育休、時短勤務や子の病気休暇（自分の有休から取らざるをえない）が不十分ですので正社員と同じようにしてほしいです
47	女	正社員	ふたり親	大きな会社で働いている人は出産、育休、時短など恵まれていると思うが、個人経営、などの会社にはまったくあてはまらず不公平を感じる。病児保育などはずい分多くなっていると思うが、実際病気の子供を預けて仕事をするのに罪悪感がある。休みずらい。子供が病気で休む事に対する職場の人の理解が得がたい（特に男性）
40	女	非正規	ふたり親	法制度上の育休を１年ではなく３年まで延ばして欲しかった。仕事が人手不足で大変。辞めるにも辞められない。子どもの学校等、行事の為に休みをとることが多く、働く時間を減らしたくても減らせない。学校も親を呼ぶ機会多くて対応できない
33	女	正社員	ふたり親	・フルタイム就業で続けないと家庭の生計が立ち行かなくなる。しかし、子をあずける場所の質は重視したい。保育所や保育サービスの充実を国にサポートしてほしい。・育休や子育て休暇など、制度はあっても全てを利用できるわけではなく、活かせていない。児童手当の拡大、保育園無料、子育て世帯への手当、給料ＵＰなど金銭面での支援がもっとほしい。・現在時短勤務(1.5)時間短縮）を利用。使えるのが、子供が１才半までなので３才くらいまでに拡大してほしい。
33	女	正社員	ふたり親	・時短勤務をすることで不当な評価を受ける・妊娠中の通勤移動が困難。・フルタイム（３才～）になると保育園のおむかえに間に合わなくなる。→退職、転職等→時短勤務に対して（法律として）、選択できる年令を拡大させてほしい。

9 働き方

年齢	性別	仕事	世帯	自由記述
47	女	非正規	ふたり親	育児をしている女性が働きやすいようワーキングシェアが一般的になる社会を期待してます。高校からどんどん教育費がかかっていくのに児童手当の支援もなくなり医療費や交通費、通信費など大人と同じ費用がかかり家計の負担が一気に多くなり将来が不安。大学などの学費を支援（給付）していく社会を希望します。
32	女	非正規	ふたり親	キャリアアップをはかりたいが、小さい会社のためやめづらい。収入が下がると思うとローンもあるので勇気が出ない。働くことは好きだが、キャリアアップするタイミングがなかなか難しいです
44	女	無業	ふたり親	近くに働ける場がない。子育て中に時間など融通のきく会社がない。
35	女	無業	ふたり親	パートで働いている方にもボーナスがあればモチベーションが上がると思います
34	女	無業	ふたり親	子どもがいても就職する時、ハンデにならない社会。小さな子供がいる母を会社が雇う時、その会社に援助金が入るなどの制度があると良い。
38	女	非正規	ふたり親	なかなか小さい子がいると就活中、面接を受けつけてもらえなかった。企業で小さい人数で…とはわかるが、もう少し子を持つ女性を受け入れてくれる社会になるといいと思った
39	女	非正規	ふたり親	扶養、保険適応等、上限の縛りなしで働きたい
37	女	正社員	母子	夜勤をやめたい。
42	女	非正規	ふたり親	・幼い子供を持つ母親（父親）の再就職先の門戸を広げてほしい（年齢や、子の年齢で足きりしてほしくない）・多様な雇用形態（時間、日数）を持つ会社が増えて欲しい。・行政には、幼い子を持つ従業員がいる会社を税制面や補助金などでサポートをして欲しい。
36	女	無業	ふたり親	なかなか近場で短時間の仕事がみつからない事。子供の春休み、夏休み、冬休み中休める仕事がなかなかない。
42	女	正社員	ふたり親	看護師の夜勤免除の期間を小学卒業まで延長できるようになるか、日勤常勤のわくもあると仕事を長く続けられると思います。
46	女	非正規	ふたり親	働き方改革を進めて男性も家事・育児に取り組める時間を増やせば女性の負担がもう少し減ると思う
41	女	非正規	母子	有給を増してほしい
47	女	非正規	ふたり親	今の職業は好きですが、帰宅時間も遅く仕事がハードである。転職したくても今の賃金が高いので、考えてしまう。もっと早く帰れて、もっと好きな仕事は賃金が低い。扶養内で働くには、お金がかせげないし、扶養からはずれて働いても社会保険料等を引かれると、扶養内で働く時と手取りが変わらない。（家族手当てがつく為）
47	女	正社員	ふたり親	パートにも、有給休暇を広げてほしい。公休についても考慮してほしい。残業をどうしてもしなければならない時も、残業時間の申請ができない。ボーナス支給も考えてほしい。扶養内収入をもう少し広げてほしい。（働き損）

10 労働環境

年齢	性別	仕事	世帯	自由記述
44	女	正社員	母子	人員不足の為超勤や休日出勤が多い。連休もない。人員増員、賃金ｕｐ、休日の確保。
32	女	非正規	ふたり親	残業ありきの働き方が「正社員」であると、子育てをしている人に限らず、家庭やしゅみを大切にしたい人にも働きずらいので、「子供のいる母親だから残業しない」のではなく、「普通みな残業しない」世の中になってほしいです。短時間勤務をしていると、皆より１時間早く帰るというよりは、３～４時間早く帰ることになり、成果を上げるために無理が必要でした。
52	女	正社員	ふたり親	・中学校の教員をしているが、部活動の短縮化や、サポート員の増加で教員の負担や働きすぎを軽減しようとする対策を行いつつある現代の行政であるが、現場としては、少人数学級（３０人、２５人）の実現と、正規教員の数を増やす事での負担軽減をお願いしたい。部活動はある事により大きな教育力になり、また教員が行う事で、大きな指導につながる。外部指導者の増加により、現場では、違う問題も起きてきているのも事実である。
40	女	非正規	ふたり親	産育休制度があるので、それを使い休んでいましたが、私が、ぬけた穴を、しっかりとした、カバーがされず、残された人たちに、負担がいってしまうのでは、楽しんで育児にむかえなかった。制度がある今、それを作う人がいるのはあたり前なので、そうなった時、職場は、どう対応するのか、正規に準じる、臨時職員制度を、しっかりとしてほしい。子どもの小さな、一しゅんを、しっかり自分の目で見たいなと思うので…
40	女	非正規	母子	・男性が多い会社で働いていると、子供の体調不良時、看病したくても、休みずらい。・早出も、残業もあるので、子育て中の、家事を、しなければならない母親は、負担が大きくて、しんどいが生活の為に働かなければならなく、結果、子どもは、ほったらかしになってしまう。収入が少なく、子どもとの時間も取れない為、寂しい思いをさせている。
45	女	非正規	ふたり親	長時間労働意識が企業からなかなかなくならない。短時間勤務でも生産性、効率よい働き方を評価されるように日本の企業の意識がかわらないかぎり、女性はいくらはたらいても、収入の低い労働にとどまる。真の意味で女性活躍、評価できる労働環境に変わるべきだと思う。
53	女	正社員	ふたり親	公務員ですが、それゆえに、仕事の偏よりがあり、子が小さいｅｔｃの理由で仕事が軽減されていません。男女平等という名のもとに仕事が全く平等、いや女性に過分に任せられることもあります。公務員（特に教師）での環境整備についても調べて下さい。
31	女	正社員	ふたり親	育児休業をいただけて子どもとすごすことができありがたい反面、２４時間１人の時間のない日々や復帰への不安等で悩むことも多いです。しかし朝から晩まで仕事、休日も何かと仕事の入る主人に悩みを相談する時もなく復帰後の家事育児、長い就業時間、直前まで決まらない預け先など先のことは不安しかなく考えだすとおちこんでしまいます。社会全体として男性も女性も長時間すぎる労働時間を改善していけたらと思います。

11 両立

年齢	性別	仕事	世帯	自由記述
40	女	無業	ふたり親	育児をしながら働くのにやはりいじめやいやがらせがまだあります。子育てをおうえんしますとは建前でなかなか肩身のせまい思いをしながら働くのが現状なので少しでも理解をしてくれる世の中になってほしいと思います
30	女	非正規	ふたり親	できる事なら、土・日・祝休みの仕事がしたい。ヘタすると遅番などでＰＭ９：００すぎになると寝ている時もあるから、コミュニケーションが取れない日もある。社員・パートの働く時間帯を見直してほしい。
47	女	正社員	母子	育児と仕事の両立が難しく、どちらかを優先すると、どちらかに負担が生まれるため、やはり仕事の負担を減らす必要がある。一定収入がある一人親でも生活のきびしさがあるため、支援の補助がほしい。児童手当だけでは不足している現状である。
35	男	非正規	父子	近くに住んでいる母が健在で、子の面倒を毎日みてもらえているが、仮に母が亡くなった時に、今のような状況で働き続けられるのかは不安ではある
32	女	正社員	ふたり親	就業時間が長く、平日子どもと関わる時間が全くとれず、辛い。自分の子どものこともしっかり面倒をみたい。
47	女	正社員	ふたり親	子供が病気のとき位つきそってあげられるよう、お休みのとれる職場を作ることに補助を出すなど。子育てしながらの仕事のストレスを軽減していかないとつらいと思います。人員を減らしていると休めないので、人員確保の法的人数を増やしてほしい。実際の状況もｃｈｅｃｋしてほしい。
38	女	無業	ふたり親	仕事をしたくても学校（ＰＴＡ）、幼稚園行事のこうそくが多すぎて、働きにくい
36	女	非正規	母子	・仕事をしている上で突発的残業がある。夕食を食べさせてもらえる子ども食堂が近くにあったら利用したい。病気になったら仕事には行けない。会社でも保健室の様な子どもが過ごせるスペースがあると安心です。
43	女	非正規	母子	今は、子供も大きくなり困ることはほとんどなくなったが、やはり子供の健康状態が母親の就業へ影響を与える。体調の悪い子は、どうしても母親を求めるので病後児保育の充実を願いつつも、やはり、休みやすい就業環境が欲しい。
41	女	無業	ふたり親	母親は、子供の学校関係でやむを得ず休まなければ、いけない事がある。派遣などは固定なので、休みにくい。不規則な休みにも対応してほしい。
43	女	正社員	ふたり親	状況にあわせて柔軟に選択できる就業形態を充実させてほしい。また、気軽に利用できる家事・育児支援サービスや金銭的支援がなければ、親の支援がない人が仕事と家庭を両立するのは大変です。私は両立が難しいと感じ、このたび長くつとめた会社を退職予定です。
44	女	正社員	ふたり親	仕事内容によっては、いくら給料がよくても、子供に習い事をさせることができない（送迎や当番活動など）。そのため、仕事をやめることにしたが、なかなか仕事をおもいっきりはじめられないでいる。本当に両立が難しい期間だけ休んだり、仕事を減らすことができればよいと思う。

12 経済的支援

年齢	性別	仕事	世帯	自由記述
37	女	無業	ふたり親	金銭的な援助がもっと欲しいです。子どもが３人ほしくてもお金の問題であきらめる人は周りにも本当にたくさんいます。３人目からの支援や優遇が国や、企業からももっとたくさんあって３人目ウェルカムな社会になればもっと子供を産む人が（３人以上）増えるのではと思います。早急にお願いします。
33	女	非正規	母子	育児に必要な時間の給与保障の確保。就業時間短縮で給与削減は避けるべきです。余裕を持って子育て出来る環境を整えることは必須だと考えます。
34	女	非正規	母子	家事代行のサービスに対する補助。子育てに対する金銭補助
42	女	非正規	母子	働かなければお金はもらえない。＝生活はきびしくなる。でも、働けば、子供との時間はなくなる。これは、あたり前の事ですが、現実問題です。市営住宅に入りたくても当選しない。又は引っこすお金もない…時間の余裕もない状況です。もっと現実を見ていただいて、行政、社会等からの支援を期待したいです。
45	女	非正規	母子	生活保護手当が少なくて生活が苦しい。子供が病気になった場合、タクシー利用券がほしい。車の免許を取りたいがお金が支払いできない。区役所の手続が面倒で、わかりやすく説明してもらえたり、子供自立支援詳しい話が聞きたい
33	女	正社員	母子	金銭的に余裕がなく、夜間のアルバイトも考えているが小学生の子どもを置いて家を空ける不安と、子どもとの時間が全くなくなるのではという不安があり夜間のアルバイトに出る決心がつかず困っている。一人になる時間がほしい。
34	女	非正規	母子	・自分が望む職種に時短が無く、社員もむずかしい。時給になるので、子供が体調悪くて園を休むと不安になります（お金の）。・両親や友人が東京、埼玉の為たよれる友人（ママ友や職場）が少なく交友がほとんどない。・生活がギリギリなのにＮＨＫ料金や、園の寄付金など余裕ないです。こちらがしてもらいたいくらいです。

13 税・年金・社会保障

年齢	性別	仕事	世帯	自由記述
44	女	非正規	ふたり親	最低賃金を上げてほしい。不妊治療の助成金を増やしたほうがよい。
42	女	正社員	母子	夫を亡し、遺族年金を頂いています。子供の保障が１８才迄となっているが、大学進学等でお金が必要です。年金の受給を２２才（大学卒業）までのばしてほしい。子を育てるに当たり、年金がとても助けとなった。
45	女	非正規	母子	将来の為に店舗を経営し始めたが軌道に乗るまで生活がひっ迫しているため、困っている。助成金などがあればいいと思う。一時的に生活保護とも考え、説明を聞きに行ったが車は仕込みに必要だし生命保険も子供たちのために必要だし、病気があり、後々入り直すことができないので生活保護を申し込めずにいる。本当に困っているのに、何のための生活保護なのか。一時的でいいのに。
39	女	非正規	ふたり親	救急医療や相談窓口の更なる充実
43	女	非正規	ふたり親	夫の収入が額面上は高収入ですが、実際の手取りは売上等で左右され額面を大幅に少ない時もあります。幼稚園の補助金は年収で決まるので、出来れば一律して頂だけると助かります。税金は手取り関係なく支払っているので、正直きついです。

14 行政支援

年齢	性別	仕事	世帯	自由記述
40	女	正社員	ふたり親	行政は、もっと、説明したり情報を伝えたりわかりやすくするべき。例えば、初めて、離婚をする人は初めてなのだから、離婚後、どのような、サービス（？）制度をうけられるのかがわからないのだから、教えてあげるべき。自分で気付いて、申しこみに行かないと、ずーっとわからないままというかんじなので不親切だと思う。（離婚に限らずです。）
30	女	無業	ふたり親	３人、子供が居るので、交通きかんや、プレイパークなどで、３人目は無料（例）など、多子家庭に対して、支援があると助かる。多子を持つ親が子育てしやすい国であってほしい。
39	女	正社員	ふたり親	フルタイム、正社員で出産後も続けていける様にと国の補助、サポートは増えていますが、離職した人が、出産後社会復帰するサポートが少ないと思います。フルタイムではなく少しだけ働きたいけど、預け先がない。幼稚園だと夏休みや早帰りなどで働きたいけど、難しいなど色々あります。正社員の人ばかりがサポートされている様な不平等さを感じる時があります。
46	男	無業	父子	メンタルケア、サポートに対する支援制度が存在しない。日本は非常に遅れており、追いつめられる人が多いのではないかと感じている。就労も大事だが、精神の安定の為の支援も同様だと考えている。自分は「そううつ」の為浮き沈みが激しく「安定」出来ないのです
45	女	非正規	ふたり親	縦のつながりもある程度必要だと思うが、特に育児中は横のつながりがすごく大事だと思います。私自身、同じ立場で（子育て中のママ）週に数回会う時にたわいもない話や育児の悩み相談ができ、「私だけじゃないんだ。」と思う事ができて何度も救われました。行政・企業・社会には、そういう集まりの場を作って頂き、その中でママ同士や同じ悩みがある人同士、お話できたら充分だと思います。（経済的支援や本格的な精神的ケアが必要な方は除く）
39	女	正社員	母子	高等技能訓練促進費のおかげで看護師になる道が開け、安定した収入を得ることができるようになり、大変感謝しています。しかし、そのような制度があることを知らず、一番最初に看護師になりたいと思いついた時から、実際看護学校に通いはじめるまで、１０年ほどバイトやハケンで不安定な生活で、メンタルを病んだりもしました。そういう制度があるということを、もっともっとアピールして知っていただきたい、と思います。
33	女	正社員	ふたり親	・もっと子どもを産みたいけれど、収入が減ることを考えると、諦めるしかないことが悲しいです（今、いる子の進学の資金などもあり…）。頼りになる身内もいないため、何が何でも働き続けるしかないのが現状です。女性の出産、育児の経済的支援を期待しています。・私は元夫からの暴力等が原因で離婚しました。当時無職だったため、子どもの親権は元夫のものとなり、５年間、子どもと離れて暮らし、その間も、元夫から人間として扱われることはありませんでした。社会的立場の低い専業主婦などへの支援がもっと欲しいと切に願います。そのような情報も、もっと社会全体に広まるようになるとよいです。

15 社会への希望

年齢	性別	仕事	世帯	自由記述
47	女	正社員	ふたり親	子育ては母親がすべきという認識を変えてほしい。もっと政治・経済で女性が進出させてほしい。「親の支援」という観点でなく、「子どもの健全な育成」という視点で、積極的に子どもの支援をしてほしい。親も子どもを私物化せず、社会全体で次世代を育んでいくようになってほしいです。私的な悩みとしては、フル勤務で、児童センターを利用しているが質が低く、子どもがイヤがって困っている。いい加減管理的教育はやめてほしい。
53	女	非正規	母子	子供たちがおかれている環境。子供は学校で目立たないように生活しないと、いじめの対象になる。人のことを落とし入れ、そうされないよう周りをうかがいながら生活している。そうしてしまう子（いじめる側の子）は、その子が満たされていないのではないかと感じます。どうして人を攻撃してしまうのかと考えると、その子自身に何か解決できない闇をかかえているのではと感じます。家庭のあり方が問われる時なのではと思います。
47	女	非正規	ふたり親	女性活躍社会と言っていますが、保育所、待機児童の問題だけでなく、配偶者の転勤が決まった時、幼い子どもと母親を残して単身赴任は経済的にも育児の上でも現実的ではありません。そうすると、女性が仕事を辞めてついていくのが現状ではないでしょうか。１００（フルタイム）か0（退職）ではなく、ワークシェアでも働らける会社、育児しながら続けられる環境が整ってくれたらいいなと思います
41	女	無業	ふたり親	子育てと仕事を両立するのは、とてもハードな生活になります。経済的な支援、手当てだけではなく、子育てに専念できるためには、夫の収入の増だと思います。会社の給与を上げるためにはやはり景気をあげなければなりません。母親のストレスを少しでも減らせば子供へのぎゃくたいなど減ると思います。

16 その他

年齢	性別	仕事	世帯	自由記述
34	女	非正規	母子	市営・県営住宅の建て直し。
39	女	非正規	母子	役所関係（市・区役所、年金、税金全て。）の夜の営業、又は土・日・祝の営業

付属資料２　調査票

「子どものいる世帯の生活状況および保護者の就業に関する調査２０１８」（第５回子育て世帯全国調査）

この調査では、子どものいるご家庭の生活状況やその保護者（**とくに母親**）の仕事の実態や要望などをお伺いします。今後の皆様への支援策のあり方を研究するための基礎資料として、独立行政法人労働政策研究・研修機構が企画・実施しております。なお、代表性を確保するために、住民基本台帳から無作為に調査対象者を選ばせていただいております。

お忙しいところ、ご面倒なお願いで誠に恐縮でございますが、調査の趣旨をご理解いただき、ご協力くださいますようお願い申し上げます。

調査主体：独立行政法人　労働政策研究・研修機構
〒177-8502　東京都練馬区上石神井４－８－２３
電話○○○○　子育て世帯調査係
調査関連情報サイト： http://www.jil.go.jp/information/enquete/index.html

調査実施：株式会社ＲＪＣリサーチ

〔記入上のお願い〕

この調査は、**18歳未満のお子さんを育てている方**を対象にしています。

○特別に言及しないかぎり、**平成30年11月1日現在の状況**で記入してください。

○回答は数字を記入するものと、回答の数字を○で１つまたは複数囲むものがあります。
「その他」をお選びになった場合は、（　　）の中にその内容を具体的にご記入ください。

○ご回答いただいた方には、**謝礼（図書カード500円分）**を差し上げます。

○ご記入いただいたアンケートは　　月　　日　　時ごろ、調査員が受け取りにお伺いします。一緒にお渡しした封筒に入れて封をした状態でお渡しください。

ご不明の点がございましたら、下記までお問い合わせください。

【調査実施・お問合せ先】

株式会社ＲＪＣリサーチ
担当：○○、○○、○○
連絡先：0120－207－180
（問い合わせ時間：平日10時～18時）
〒160-0023　東京都新宿区西新宿７－２３－１
ＴＳビル２階
http://www.rjc.co.jp/

たいせつにしますプライバシー 12390033(08)

このマークは個人情報の保護措置が適切であると認定された事業者に付与されるものです。一般財団法人日本情報経済社会推進協会が審査・認定します。皆様から得られた個人情報の保護・取扱いには充分な注意を払います。

■まず、あなたご自身のことについておたずねします。

問１(1)あなたの性別はどちらですか。**(○は１つ)**

１　男性　　　２　女性

---

(2)あなたの生年月をお知らせください。配偶者のいる方は、配偶者についてもお答えください。
(なお、配偶者には婚姻届を出していない内縁の方を含みます。)

※昭和 20 年は 1945 年、平成元年は 1989 年です。

①あなたご自身　西暦　□□□□ 年　□□ 月

②配偶者　西暦　□□□□ 年　□□ 月

---

(3)あなたには、現在、配偶者がいますか。　**(○は１つ)**

１　法律婚の配偶者がいる　　２　事実婚の配偶者がいる　　３　配偶者がいない・行方不明

---

(4)あなたのご家庭は、次のどの世帯類型に一番あてはまりますか。**(○は１つ)**

１　母子・父子世帯
(祖父母等親族との同居世帯を含む)　　２　ふたり親世帯　　３　親のいない世帯

注：離婚に向けて手続きが進んでいる場合は、「１　母子・父子世帯」に○をつけてください。
単身赴任などで一時的に別居や、事実婚の場合は、「２　ふたり親世帯」に○をつけてください。

---

(5)お子さんからみて、あなたは次のどの立場にあたりますか。**(○は１つ)**

１　母親　　　３　祖父母
２　父親　　　４　その他（具体的に　　　　　　）

---

(6)世帯主（ご家族の生計を主として維持している方）からみて、あなたは次のどの立場にあたりますか。（なお、配偶者には婚姻届を出していない内縁の方を含みます。）　**(○は１つ)**

１　世帯主本人　　　５　配偶者の親
２　配偶者　　　６　子
３　兄弟・姉妹　　　７　子の配偶者
４　親　　　８　その他（具体的に　　　　　　）

■次に、お仕事の状況についておたずねします。

問2 (1)あなたは、現在収入をともなう仕事（育休中を含む）をしていますか。**（○は１つ）**

1　求職活動もしていないし、仕事もしていない
2　求職活動中であるが、仕事はしていない
3　している　→　次ページの問３へお進みください

【以下の（２）～（８）は、現在、仕事をしていない方におたずねします。】

（仕事をしている方は次ページの問３へお進みください。）

(2)あなたが、最後に従事したお仕事の形態は、次のどれにあたりますか。**（○は１つ）**

1　正社員・正規職員
2　嘱託・契約社員
3　派遣社員
4　パート・アルバイト
5　日雇い
6　自営業
7　自営業の手伝い
8　個人業務請負※注
9　内職
10　その他（具体的に　　　　　　　　　　）
11　仕事についた経験がない　**→（５）へ**

注:「個人業務請負」は、個人事業主として企業と業務請負契約を結び、仕事をする場合を指しています。

(3)あなたが、そのお仕事をやめたのは、いつ頃ですか。

西暦［　　　　］年［　　］月頃

(4)あなたが、そのお仕事をやめた主な理由は何ですか。**（○は３つまで）**

1　キャリアの発展の展望が見えなかった
2　もっと自分にあった他の仕事を見つけた
3　リストラ・解雇・退職勧奨された
4　仕事の内容や働き方が自分に合わなかった
5　仕事によるストレス等で体の不調が生じた
6　仕事の契約期間が終了した
7　結婚を機に退社することが一般的だった
8　妊娠・出産を機に退社することが一般的だった
9　仕事と育児との両立が難しいと判断した
10　配偶者の転勤が決まった
11　家族がやめることを希望した
12　子育てに専念したかった
13　仕事が忙しすぎて、妊娠しにくいと感じた
14　不妊治療に専念したかった
15　その他（具体的に　　　　　　　　　　）

(5)あなたが、現在働いていない理由は何ですか。主なものを**２つまで**選んでください。

（○は２つまで）

1　仕事の探し方がわからない
2　収入について条件の合う仕事がない
3　時間について条件の合う仕事がない
4　自分の年齢に合う仕事がない
5　知識・経験をいかせる仕事がない
6　健康上の理由で働くことができない
7　子どもの保育の手だてがない
8　家族の介護をしなければならない
9　家庭内の問題を抱えている
10　子育てに専念したい
11　経済的理由で働く必要がない
12　その他（具体的に　　　　　　　　　　）

(6) あなたは、今後働きたいと思いますか。**（○は１つ）**

1	今すぐに働きたい	3	働きたいと思わない
2	今は働けないがそのうち働きたい	4	働くことができない

→ **６ページの問 12 へお進みください**

【以下の（７）と（８）は、今後働きたいのに、現在、仕事をしていない方におたずねします。】

(7) 今後は、どのような形態で働きたいと考えていますか。**（○は１つ）**

1	正社員・正規職員	6	自営業
2	嘱託・契約社員	7	自営業の手伝い
3	派遣社員	8	個人業務請負
4	パート・アルバイト	9	内職
5	日雇い	10	その他（具体的に　　　　）

(8) 今後、仕事につく場合に重視することはどれですか。次の中からあてはまるものを**３つまで**お選びください。**（○は３つまで）**

1	身分が安定している	6	土日祝日に休める
2	厚生年金や雇用保険に入れる	7	就業時間の融通がきく
3	十分な収入が得られる	8	経験や能力が発揮できる
4	残業が少ない	9	その他（具体的に　　　　）
5	通勤時間が短い		

この設問の回答後は７ページの問 12 へお進みください

【問３～問 11 は、現在、仕事をしている方（育休中の方を含む）におたずねします。】

問３　現在のお仕事の形態は、次のどれにあたりますか。複数の仕事をお持ちの場合は、主な仕事**１つだけ**についてお答えください。**（○は１つ）**

1	正社員・正規職員	6	自営業
2	嘱託・契約社員	7	自営業の手伝い
3	派遣社員	8	個人業務請負
4	パート・アルバイト	9	内職
5	日雇い	10	その他（具体的に　　　　）

問４　現在のお仕事や勤め先の業種は、次のどれにあたりますか。**（○は１つ）**
（派遣社員の方は、派遣先の事業をお答えください。）

1	農林漁業	9	飲食店、宿泊業
2	建設業	10	医療・福祉
3	製造業	11	教育、学習支援業
4	電気・ガス・熱供給・水道業	12	複合サービス業（協同組合、郵便局）
5	情報通信業	13	その他サービス業（協同組合、郵便局以外）
6	運輸業	14	公務
7	卸売業、小売業	15	その他（具体的に　　　　）
8	金融・保険・不動産業		

問５(1)現在のお仕事の職種は、次のどれにあたりますか。（**○は１つ**）

1　専門・技術的職業（医師、看護師、弁護士、教師、技術者、デザイナーなど）
2　管理的な仕事（企業・官公庁における課長職以上、経営者など）
3　事務的な仕事（企業・官公庁における一般事務、経理、内勤の営業など）
4　営業・販売の仕事（小売・卸売店主、店員、不動産売買、保険外交、外勤のセールスなど）
5　技能工・生産工程に関わる職業
　（製品製造・組立て、自動車整備、建設作業員、大工、電気工事、農水産物加工など）
6　運輸・通信の仕事（トラック・タクシー運転手、船員、郵便配達、通信士など）
7　保安的職業（警察官、消防士、自衛官、警備員など）
8　農林漁業に関わる職業
9　サービスの職業（理・美容師、料理人、ウェイトレス、介護福祉士、ホームヘルパーなど）
10　その他（具体的に　　　　　　　　　　　　　　　　　　　　）

(2)あなたのお仕事が、以下の職種に含まれていますか。（**○は１つ**）

1　販売店員	8　飲食物給仕・身の回り世話	15　小学校教員
2　総合事務員	9　保育士	16　娯楽場等接客員
3　看護師（准看護師を含む）	10　庶務・人事事務員	17　理・美容師
4　会計事務	11　運搬・清掃・包装等	18　金融・保険営業
5　調理人	12　農耕	19　訪問介護
6　食料品製造	13　営業・販売事務	20　繊維製品製造
7　介護職員（医療・福祉施設等）	14　受付・案内事務員	21　上記に含まれてない

(3)あなたのお仕事の性質はどのようなものですか。（**○はいくつでも**）

1　対外的な折衝をする仕事（渉外、バイヤー、法人営業など）
2　顧客のもとに出向いて行う仕事（外回りの営業、顧客先での常駐、集金・集荷など）
3　他人の仕事を補助する仕事（秘書、助手、補佐など）
4　職業資格を必要とする仕事
5　会社の事業を立案する仕事
6　スタッフを管理する仕事
7　上記いずれもあてはまらない

問６　勤務先の従業員（パート・アルバイトなどを含む）は、会社全体で何人くらいですか。
（派遣社員の方は、**派遣先**の企業規模をお答えください。）（**○は１つ**）

1　１人	4　10～30 人未満	7　300～500 人未満	10　官公庁
2　２～５人未満	5　30～100 人未満	8　500～1,000 人未満	11　わからない
3　５～10 人未満	6　100～300 人未満	9　1,000 人以上	

問７(1)　残業時間を含めて、現在のお仕事の**１週間あたり**の平均就業時間は、何時間ですか。

１週間あたり［　　　］時間

(2)就業時間は、規則的ですか。**(○は１つ)**

1　規則的　　2　おおむね規則的　　3　おおむね不規則　　4　不規則

(3)ふだん働いている時間帯は、次のどれにあたりますか。**(○はいくつでも)**

1　早朝（５時～８時）　2　日中（８時～18 時）　3　夜間（18 時～22 時）　4　深夜（22 時～翌５時）

(4)通常、通勤には<u>**片道**</u>何分くらいかかりますか。

片道［　　］分程度

問８　現在の勤め先に勤め始めたのは、いつですか。
（いったん退職した後に同じ会社で再就職した場合には、再就職した時点を記入してください。）

西暦［　　　　］年［　　］月

問９　全体として、現在のお仕事に満足していますか。**(○は１つ)**

1　満足　　2　まあまあ満足　　3　どちらともいえない　　4　やや不満足　　5　不満足

問 10　<u>**今後３年くらいの間**</u>、あなたはどのような働き方（仕事の形態）を希望しますか。**(○は１つ)**

1　現在の会社・組織で、正社員の形で働き（続け）たい
2　現在の会社・組織で、契約社員等、正社員以外の形で働き（続け）たい
3　別の会社・組織に転職して、正社員の形で働きたい
4　別の会社・組織に転職して、正社員以外の形で働きたい
5　独立して事業を始めたい
6　仕事をしばらくやめたい
7　その他（具体的に　　　　　　　　　　　　）
8　特に考えていない

問 11　仕事と家庭生活のバランスについて、<u>**この１年間**</u>に以下のようなことがどのくらい起きていますか。下記のア～ウについて、**それぞれあてはまるもの１つに○をつけてください。**
(○はそれぞれ１つずつ)

		ほぼ毎日	週に何回かある	月に何回かある	年に何回かある	めったにない	全くない
ア　仕事で疲れ切ってしまって、しなければならない家事や育児のいくつかができなかった。	→	1	2	3	4	5	6
イ　仕事にあてる時間が長すぎるために、家事や育児を果たすことが難しくなっている。	→	1	2	3	4	5	6
ウ　家事や育児の負担があるために仕事に集中することが難しくなっている。	→	1	2	3	4	5	6

【全員の方におたずねします。】

■これまでのお仕事の状況についておたずねします。

問12　あなたの今までの職業のキャリアコースは、次のどれに最も近いですか。（○は１つ）

1　一社継続型（学校卒業後についた勤務先でずっと働き続けてきた）
2　転職継続型（転職経験はあるが、学校卒業後は働き続けてきた）
3　退職復帰型（出産や育児などで退職したものの、再就職して働き続けている）
4　就業中断型（退職して現在は無職だが、今後働く予定がある）
5　完全退職型（退職しており、今後も働く予定がない）
6　その他（具体的に　　　　　　　　　　　　　　　　　　　　　）

【問13(1)～(6)は女性の方におたずねします。】（男性の方は、８ページの問14へお進みください。）

問13(1) 第１子が誕生する前後のあなたのお仕事状況についておたずねします。
次のア～オの時期について、**それぞれあてはまるもの１つに○をつけてください。**

	無職	正社員・正規職員	嘱託・契約・派遣社員	パート	自営業・内職	育児休業中	その他
ア 妊娠判明直前 →	1	2	3	4	5	6	7
イ 出産３ヶ月前 →	1	2	3	4	5	6	7
ウ 出産３ヶ月後 →	1	2	3	4	5	6	7
エ 出産１年後 →	1	2	3	4	5	6	7
オ 出産３年後 →	1	2	3	4	5	6	7

(2) 第１子の妊娠が判明してから出産後３年くらいまでの間に、あなたは仕事をやめたり、変えたりしましたか。以下**あてはまるものすべてに○**をつけてください。（○はいくつでも）

1　仕事をやめた
2　勤務形態を変えた
3　勤務先を変えた
4　労働時間を短縮した
5　職種を変えた
6　所属部署が変わった
7　該当なし

【(2)で「1　仕事をやめた」と答えた方におたずねします。】

(3) 第１子を妊娠・出産前後に仕事をやめた主な理由は何ですか。（○は３つまで）

1　キャリアの発展の展望が見えなかった
2　もっと自分にあった他の仕事を見つけた
3　リストラ・解雇・退職勧奨された
4　仕事の内容や働き方が自分に合わなかった
5　仕事によるストレス等で体の不調が生じた
6　仕事の契約期間が終了した
7　仕事と育児との両立が難しいと判断した
8　妊娠や出産を機に退社する事が一般的だった
9　配偶者の転勤が決まった
10　家族がやめることを希望した
11　子育てに専念したかった
12　その他（具体的に　　　　　　　　　　　　　）

【（3）で「７ 仕事と育児との両立が難しいと判断した」と答えた方におたずねします】

(4) あなたが「仕事と育児との両立が難しいと判断した」具体的な理由は何ですか。（○は３つまで）

1　自分の体力がもちそうになかった（もたなかった）
2　妊娠・出産にともなう体調不良
3　子供の病気等でたびたび休まざるを得なかった
4　子供の保育の手立てがなかった
5　家族がやめることを希望した
6　会社に育児休業制度がなかった
7　育児休業を取れそうもなかった（取れなかった）
8　勤務時間が合いそうもなかった（合わなかった）
9　職場に両立を支援する雰囲気がなかった
10　その他（具体的に　　　　　　　　　　　　　）

(5) 第１子を出産した後に、仕事再開の有無と再開した時期についてお答えください。（**○は１つ**）

1　再開した　→子どもが（　　　）歳（　　）カ月時に再開　　2　再開していない →(7)へ

【(5)で「1　再開した」と答えた方におたずねします。】

(6)　仕事を再開した際には、勤務先や職種等の変更はありましたか。（**○はいくつでも**）

1　変更はなかった
2　勤務形態を変えた
3　勤務先を変えた
4　労働時間を短縮した
5　職種を変えた
6　所属部署が変わった
7　該当なし

【(5)で「2　再開していない」と答えた方におたずねします】

(7) 今後仕事を再開する予定の有無とその時期についてお答えください。（**○は１つ**）

1 ある　→　西暦（20　　）年（　　）月ごろに再開予定　　2　ない　　3　分からない

【全員の方におたずねします。】

問 14 (1) あなたが学校を卒業した後に、社会人として初めてついた、収入をともなう仕事は次のどれにあてはまりますか。２つ以上のお仕事をしていた方は、主な仕事**１つだけ**についてお答えください。（**○は１つ**）

1　正社員・正規職員
2　嘱託・契約社員
3　派遣社員
4　パート・アルバイト
5　日雇い
6　自営業
7　自営業の手伝い
8　個人業務請負
9　内職
10　その他（具体的に　　　　　　　）
11　仕事についた経験がない　→　**11 ページの問 16 へお進みください**

(2) あなたは学校を卒業してから今まで、通算何年ほど働きましたか。そのうち、正社員として働いた期間は何年程度でしたか。

就業期間は通算 [　　] 年程度　　うち、**正社員期間**は通算 [　　] 年程度

【(3)～(8)は、学校卒業後に社会人として初めてついたお仕事についておたずねします。】

（仕事についた経験のない方は、11 ページの問 19 へお進みください。）

(3) 社会人として初めてついたお仕事の内容は、大きく分けて次のどれにあたりますか。（**○は１つ**）

1　専門・技術的職業（医師、看護師、弁護士、教師、技術者、デザイナーなど）
2　管理的な仕事（企業・官公庁における課長職以上、経営者など）
3　事務的な仕事（企業・官公庁における一般事務、経理、内勤の営業など）
4　営業・販売の仕事（小売・卸売店主、店員、不動産売買、保険外交、外勤のセールスなど）
5　技能工・生産工程に関わる職業
（製品製造・組立て、自動車整備、建設作業員、大工、電気工事、農水産物加工など）
6　運輸・通信の仕事（トラック・タクシー運転手、船員、郵便配達、通信士など）
7　保安的職業（警察官、消防士、自衛官、警備員など）
8　農林漁業に関わる職業
9　サービスの職業（理・美容師、料理人、ウェイトレス、介護福祉士、ホームヘルパーなど）
10　その他（具体的に　　　　　　　　　　　　　　）

(4) そのお仕事についたのはいつ頃でしたか。

西暦 [　][　][　][　] 年 [　][　] 月頃

(5) そのお仕事の勤務先の従業員（パート・アルバイトなどを含む）は、会社全体で何人くらいですか。（派遣社員の方は、実際に働いていた会社の企業規模をお答えください。）　**（○は１つ）**

1　1人
2　２～５人未満
3　５～10 人未満
4　10～30 人未満
5　30～100 人未満
6　100～300 人未満
7　300～500 人未満
8　500～1,000 人未満
9　1,000 人以上
10　官公庁
11　わからない

(6) そのお仕事を、現在も続けていますか。　**（○は１つ）**

1　はい　→　**次ページの問16へ**
2　いいえ

【(7)～(8)は、社会人として初めてついたお仕事をやめた方におたずねします。】

(7) そのお仕事をやめた時期はいつ頃ですか。

西暦 [　][　][　][　] 年 [　][　] 月頃

(8) そのお仕事をやめた後は、あなたは、再就職（自営業についた場合なども含みます）しましたか。再就職した方は、これまでの転職回数もご記入ください。　**（○は１つ）**

1　再就職した　⇒これまでの転職回数（　　　　）回
2　再就職していない　→　**次ページの問 16 へ**

問 15　そのお仕事をやめた主な理由について、次の中からあてはまるものを**3つまで**お選びください。

1　キャリアの発展の展望が見えなかった
2　もっと自分にあった他の仕事を見つけた
3　リストラ・解雇・退職勧奨された
4　仕事の内容や働き方が自分に合わなかった
5　仕事によるストレス等で体の不調が生じた
6　仕事の契約期間が終了した
7　結婚を機に退社することが一般的だった
8　妊娠・出産を機に退社することが一般的だった
9　仕事と育児との両立が難しいと判断した
10　配偶者の転勤が決まった
11　家族がやめることを希望した
12　子育てに専念したかった
13　仕事が忙しすぎて、妊娠しにくいと感じた
14　不妊治療に専念したかった
15　その他（具体的に　　　　　　　　　　　　）

【全員の方におたずねします。】

問 16　あなたの**過去３年間**のお仕事の状況についておたずねします。

(1)　過去３年間に、あなたは収入をともなう仕事をしていましたか。次のア～ウの時期について、あてはまるものにそれぞれ**１つだけ**○をつけてください。

(2)　**〔就業しない期間があった方に〕**それぞれの時期で、就業しない期間があったのはなぜですか。

時期	(1) 就業状態	(2) 就業しない期間があった理由
ア 2015年	1　全く就業していなかった 2　就業期間が半年未満 3　就業期間が半年以上１年未満 4　年間を通じて就業していた	1　就業する必要がなかった 2　就業したくなかった 3　自分に合う職がなかった 4　学生だった 5　就職準備中だった 6　産休・育児休業中だった
イ 2016年	1　全く就業していなかった 2　就業期間が半年未満 3　就業期間が半年以上１年未満 4　年間を通じて就業していた	1　就業する必要がなかった 2　就業したくなかった 3　自分に合う職がなかった 4　学生だった 5　就職準備中だった 6　産休・育児休業中だった
ウ 2017年	1　全く就業していなかった 2　就業期間が半年未満 3　就業期間が半年以上１年未満 4　年間を通じて就業していた	1　就業する必要がなかった 2　就業したくなかった 3　自分に合う職がなかった 4　学生だった 5　就職準備中だった 6　産休・育児休業中だった

【問 17～問 18 は、昨年（ウ 2017 年）に仕事をしていた方におたずねします。】

（「１　全く就業していなかった」方は次ページの問 19 へお進みください。）

問 17(1)　あなたは、昨年１年間のうち、何カ月程度働きましたか。

合計 [　|　] カ月程度

(2)　働いていた月には、平均して週に何時間くらい働きましたか。

１週間に [　|　|　] 時間程度

問 18(1)　あなたは、**過去１年間**に２つ以上のお仕事を同時に持ったことがありますか。**（○は１つ）**

1　ある（現在もしている）
2　ある（現在はしていない）
3　ない → **次ページの問19へお進みください**

【(2)は、過去１年間に副業をしたことがある方におたずねします。】

(2)　昨年１年間に副業から得られた収入（税込み）は、いくらくらいですか。自営の場合は必要経費を除いた売上高をお答えください。

昨年１年間で [　|　|　|　] 万円程度

【全員の方におたずねします。】

■自己啓発と資格についておたずねします。

問 19(1)　あなたは、**過去の１年間**で会社等の業務としてではなく、職業に関する能力を高めようと次のア～イのような自己啓発を行いましたか。

	自己啓発の有無（○は１つ）	自己啓発の手段（○はそれぞれいくつでも）				
		学校に通った	講習会に参加した	通信教育を受講	独学した	その他
ア　専門知識の勉強 →	1 なし　2 あり→	1	2	3	4	5
イ　資格取得のための学習 →	1 なし　2 あり→	1	2	3	4	5

(2)　対象となる資格の名前または番号（問 20(1)の 1～30 で当てはまるもの）をお答えください。
（　　　　　　　　）

問 20(1)あなたの持っている各種資格について、あてはまるもの**すべて**に○をつけてください。
（○はいくつでも）

1　看護師	9　歯科衛生士	17　保育士・幼稚園教諭	25　宅地建物取引士
2　准看護師	10　視能技能士・言語聴覚士	18　教員免許（小・中・高）	26　危険物取扱者免状
3　社会福祉士	11　保健師	19　医療事務	27　司法書士・行政書士・税理士
4　作業・理学療法士	12　介護福祉士	20　簿記資格	28　普通自動車免許
5　薬剤師	13　ホームヘルパー	21　パソコン関連資格	29　大型・特殊自動車免許
6　針灸・柔道整復師	14　ケアマネジャー	22　語学関連資格	30　その他
7　医師	15　栄養士	23　司書	（具体的に　　　　　）
8　助産師	16　調理師、理・美容師	24　（　　）級建築士	31　資格は持っていない

→ **問 21 へお進みください**

【(2)と(3)は、資格を持っている方におたずねします。】

(2)現在持っている資格のうち、今の仕事に役立っているものがありますか。**「ある」とお答えの方は**最も役に立っている資格を**２つまで**、問 20(1)で答えた番号の数字と取得時期をご記入ください。

1　ない　2　ある⇒　もっとも役に立っている資格：　番号（　　）　取得時期　西暦（　　　　）年
次に役に立っている資格：　番号（　　）　取得時期　西暦（　　　　）年

(3)上記の資格を**取得するための費用**（大学・各種学校の学費等を含む）は、どのようにまかないましたか。複数の資格を持っている場合は、最も「今の仕事に役立っている」資格についてお答えください。**（○はいくつでも）**

1　自分や家族の貯金や収入	5　高等技能訓練促進費／高等職業訓練促進給付金
2　親や親族の援助	6　自立支援教育訓練給付金
3　借り入れたお金	7　母子福祉資金貸付金
4　雇用保険の教育訓練給付金	8　その他（具体的に　　　　　）

【全員の方におたずねします。】

■生活と育児についておたずねします。

問 21(1)あなたは、**現在の暮らし向き**について、総合的にみてどのように感じていますか。

(2)また、今からみた**５年前の状況**はどのようなものでしたか。**（○はそれぞれ１つずつ）**

	大変苦しい	やや苦しい	普通	ややゆとりがある	大変ゆとりがある
(1)現在の暮らし向き →	1	2	3	4	5
(2)５年前の暮らし向き →	1	2	3	4	5

(3) あなたのご家庭は、次のア～エにかかわる支出をどこまで負担することが可能ですか。それぞれあてはまるものに**1つだけ**○をつけてください。**(○はそれぞれ1つずつ)**

	余裕で負担できる	おおむね負担できる	負担するのは厳しい	負担できない
ア 毎日の新鮮な果物 →	1	2	3	4
イ 子どもの習い事（水泳、ピアノ等） →	1	2	3	4
ウ 子どもの学習塾（月謝２～３万円程度） →	1	2	3	4
エ 年に１回程度の家族旅行（国内） →	1	2	3	4

問 22　あなたのご家庭では、**過去１年の間**に、お金が足りなくて、家族が必要とする**食料**を買えないことがありましたか。（○は１つ）

1 よくあった　2 ときどきあった　3 まれにあった　4 まったくなかった

問 23　あなたのご家庭では、**過去１年の間**に、お金が足りなくて、家族が必要とする**衣類**が買えないことがありましたか。（○は１つ）

1 よくあった　2 ときどきあった　3 まれにあった　4 まったくなかった

問 24 (1) 先月の、あなたの平均的な１日（平日）の**睡眠時間**はどのくらいでしたか。

１日 [　　] 時間 [　　] 分くらい

(2) 先月のあなたが、**炊事、洗濯と掃除**をこなす家事時間は、１日あたり何時間程度でしたか。**平日**を想定してお答えください。全くやっていない場合は、「0」と記入してください。

１日 [　　] 時間 [　　] 分くらい

■お子さんのことについておたずねします。

問 25 (1) お子さんは全部で何人ですか。
同居していないお子さんや、養子、配偶者の連れ子を含んだ人数をお答えください。

全部で [　　] 人

(2) あなたにとって理想な子ども数は何人ですか。

[　　] 人

(3) あなたは全部で何人のお子さんを持つおつもりですか。

[　　] 人

問 26 それぞれのお子さんの状況について、ア)～サ)の項目**それぞれにあてはまるもの１つ**に○をつけてください。お子さんが５人以上いらっしゃる場合は、３人目までのお子さんと末のお子さんについてご記入ください。 **（○はそれぞれ１つずつ）**

	第１子 ↓	**第２子** ↓	**第３子** ↓	**第４子または末子** ↓
ｱ)性別	1 男 2 女	1 男 2 女	1 男 2 女	1 男 2 女
ｲ)生年月（西暦）	〔 〕年 〔 〕月	〔 〕年 〔 〕月	〔 〕年 〔 〕月	〔 〕年 〔 〕月
ｳ)実子ですか	1 はい 2 いいえ	1 はい 2 いいえ	1 はい 2 いいえ	1 はい 2 いいえ
ｴ)出生時の体重	1 1,500g 未満 2 1,500g 以上	1 1,500g 未満 2 1,500g 以上	1 1,500g 未満 2 1,500g 以上	1 1,500g 未満 2 1,500g 以上
ｵ)同別居状況	1 同居 2 別居（仕送りなし） 3 別居（仕送りあり）	1 同居 2 別居（仕送りなし） 3 別居（仕送りあり）	1 同居 2 別居（仕送りなし） 3 別居（仕送りあり）	1 同居 2 別居（仕送りなし） 3 別居（仕送りあり）
ｶ-1)健康状態	1 良い 2 普通 3 良くない	1 良い 2 普通 3 良くない	1 良い 2 普通 3 良くない	1 良い 2 普通 3 良くない
ｶ-2) 持病有無	1 なし 2 あり	1 なし 2 あり	1 なし 2 あり	1 なし 2 あり
ｶ-3) 障害有無	1 なし 2 あり	1 なし 2 あり	1 なし 2 あり	1 なし 2 あり
ｷ)学校等教育機関での在籍状況	1 保育所 2 幼稚園 3 小中高校（公立） 4 小中高校（国・私立） 5 専修学校・各種学校 6 短大・高専 7 大学・大学院 8 社会人 9 その他	1 保育所 2 幼稚園 3 小中高校（公立） 4 小中高校（国・私立） 5 専修学校・各種学校 6 短大・高専 7 大学・大学院 8 社会人 9 その他	1 保育所 2 幼稚園 3 小中高校（公立） 4 小中高校（国・私立） 5 専修学校・各種学校 6 短大・高専 7 大学・大学院 8 社会人 9 その他	1 保育所 2 幼稚園 3 小中高校（公立） 4 小中高校（国・私立） 5 専修学校・各種学校 6 短大・高専 7 大学・大学院 8 社会人 9 その他
ｸ)習い事・塾代	1 出費なし 2 出費あり↓ 月額平均〔 〕万円	1 出費なし 2 出費あり↓ 月額平均〔 〕万円	1 出費なし 2 出費あり↓ 月額平均〔 〕万円	1 出費なし 2 出費あり↓ 月額平均〔 〕万円
ｹ)あなたはどの段階まで学費を出す予定または出していましたか	1 高校 2 専修学校・各種学校 3 短大・高専 4 大学・大学院 5 わからない	1 高校 2 専修学校・各種学校 3 短大・高専 4 大学・大学院 5 わからない	1 高校 2 専修学校・各種学校 3 短大・高専 4 大学・大学院 5 わからない	1 高校 2 専修学校・各種学校 3 短大・高専 4 大学・大学院 5 わからない
〔小中高生の場合〕 ｺ)学校での勉強全般	1 成績良好 2 まあまあ良好 3 普通 4 遅れている 5 かなり遅れている	1 成績良好 2 まあまあ良好 3 普通 4 遅れている 5 かなり遅れている	1 成績良好 2 まあまあ良好 3 普通 4 遅れている 5 かなり遅れている	1 成績良好 2 まあまあ良好 3 普通 4 遅れている 5 かなり遅れている
〔小中高生の場合〕 ｻ)不登校（年間30日以上学校を欠席すること）の有無	1 不登校経験なし 2 不登校経験あり（現在は登校している） 3 現在不登校中 4 わからない	1 不登校経験なし 2 不登校経験あり（現在は登校している） 3 現在不登校中 4 わからない	1 不登校経験なし 2 不登校経験あり（現在は登校している） 3 現在不登校中 4 わからない	1 不登校経験なし 2 不登校経験あり（現在は登校している） 3 現在不登校中 4 わからない

問 27(1)　あなたは、ふだん（平日）、１日あたり何時間程度（**睡眠時間を除く**）、お子さんと一緒に過ごしていますか。**（○は１つ）**

1　6時間以上	4　1時間以上2時間未満
2　4時間以上6時間未満	5　1時間未満
3　2時間以上4時間未満	6　ほとんどない

(2)　あなたのご家庭では、お子さんと次のようなことをすることがありますか。下記のア～ウについて、**それぞれあてはまるもの１つ**に○をつけてください。

（○はそれぞれ１つずつ）

	ほぼ毎日	週に３～4回	週１～2回	月に１～2回	めったにない
ア　お子さんと将棋・トランプ等で遊ぶ　→	1	2	3	4	5
イ　お子さんの勉強をみる　→	1	2	3	4	5
ウ　お子さんと一緒に出かける　→	1	2	3	4	5

問 28(1)　お子さんと一緒に**夕食**をとる回数は、ふだん１週間にどのくらいありますか。**（○は１つ）**

1　ほぼ毎日	3　週２、３日程度	5　ほとんどない
2　週４、５日程度	4　週１日程度	

(2)　お子さんが**家事**を手伝う頻度は、ふだん１週間にどのくらいありますか。お子さんが複数いる方は、年長の２人についてそれぞれ以下の**あてはまる番号**をお答えください。

一番上のお子さん（　　　　）　　上から２番目のお子さん（　　　　）

1　ほぼ毎日	3　週２、３日程度	5　ほとんどない
2　週４、５日程度	4　週１日程度	

(3)　お子さんが**下の兄弟の世話**を手伝う頻度は、ふだん１週間にどのくらいありますか。お子さんが複数いる方は、年長の２人についてそれぞれ以下の**あてはまる番号**をお答えください。

一番上のお子さん（　　　　）　　上から２番目のお子さん（　　　　）

1　ほぼ毎日	3　週２、３日程度	5　ほとんどない
2　週４、５日程度	4　週１日程度	6　下の兄弟がいない

問 29　あなたのご家庭ではお子さんに対するしつけは、全般的に厳しい方だと思いますか。

（○は１つ）

1　とても厳しくしている	3　どちらともいえない	5　とても甘やかしている
2　やや厳しくしている	4　やや甘やかしている	

問 30　お子さんについて、以下のことで悩んだりしていますか。**（○はいくつでも）**

1　食事や栄養	4　健　康	7　交友関係	10　就　職
2　性格や癖	5　勉強や進学	8　非　行	11　その他（具体的に　　　　）
3　しつけ	6　いじめ	9　家庭内暴力	12　特に悩みはない

問31(1)お子さんは以下のような保育施設を利用したことがありますか。（**○はいくつでも**）

1　認可保育所	4　小規模保育	7　事業所内保育所	10　短期特例保育
2　認証保育所	5　保育ママ	8　幼稚園預かり保育	11　ファミリーサポート事業
3　ベビーホテル	6　認定こども園	9　病児・病後児保育	12　上記いずれも利用しなかった

【(1)で「1　認可保育所」に○をつけなかった方におたずねします。】

(2)今までに認可保育所を利用したことがない理由は何ですか。（**○は３つまで**）

1　必要がなかった	5　保育時間が合わなかった
2　審査基準が厳しく、申請しても無駄だと思った	6　保育所の場所が不便だった
3　他の認可外保育施設に子どもを預けていた	7　保育内容や保育者の質に満足できなかった
4　働いた場合の収入に比べて保育料が高かった	8　その他の理由(具体的に　　　　　　　　)

【全員の方におたずねします】

(3)　お子さんは認可保育所の待機児童になったことがありますか。

1　はい　　　2　いいえ　→　**問32(1)へお進みください**

【SQ1～SQ3については、(3)で「1　はい」と答えた方におたずねします】

SQ1　直近で認可保育所の待機児童になったのは何番目のお子さんの時ですか。

第（　　　）子の時

SQ2　どのくらいの待機期間でしたか。　　（　　　）ヶ月

SQ3　認可保育所に入れなかった時の対応はどのようにしましたか。（○はいくつでも）

1　育休を延長した	4　労働時間を短縮した	7　その他
2　勤務形態を変えた	5　仕事をやめた	
3　勤務先を変えた	6　認可外保育施設等を利用した	

【女性の方におたずねします。】（男性の方は次ページの問33へお進みください。）

■お子さんたちの父親のことについておたずねします。

問32(1)　あなたは現在、子ども（たち）の父親と一緒に暮らしていますか。
なお、法律上の父親と生物学上の父親が異なる場合、生物学上の父親について回答してください。子どもたちの父親が複数いる場合、一番下のお子さんの父親について回答してください。（**○は１つ**）

1　はい　→ **次ページ（4）へ**　　　2　いいえ

【(2)と(3)は、現在、子ども（たち）の父親と一緒に暮らしていない方におたずねします。】

(2)父親と一緒に暮らしていない理由は何ですか。（**○は１つ**）

1　父親が単身赴任中	3　父親と離婚
2　父親とは別居・離婚協議中	4　父親は行方不明または他界

次ページ問33へ

(3) **<u>この１年間</u>**、子ども（たち）は父親とどの程度会ったり、話したりしていますか。　**（○は１つ）**

1　ほぼ毎日	3　週に１回くらい	5　年に数回	7　まったくない
2　週に３～４回くらい	4　月に１回くらい	6　ほとんどない	

【女性の方全員におたずねします。】（男性の方は問 33 へお進みください。）

(4) あなたからみて、子ども（たち）の父親はどのような父親ですか。
なお、法律上の父親と生物学上の父親が異なる場合、生物学上の父親について回答してください。
また、子どもたちの父親が複数いる場合、一番下のお子さんの父親について回答してください。
（○は１つ）

1　良い父親　　2　まあまあ良い父親　3　普通　　4　あまり良くない父親　　5　悪い父親

(5) 子ども（たち）の父親とあなたとの関係は、総じて言えば、以下のどれにあてはまりますか。
（○は１つ）

1　良い　　2　まあまあ良い　　3　普通　　4　あまり良くない　　5　悪い

【全員の方におたずねします。】

■配偶者とそれ以外の方からのいろいろな援助についておたずねします。

（配偶者がいらっしゃらない場合は(3)へお進みください。）

問33 (1)　あなたの配偶者は家事・育児を何割程度分担していますか。お二人が行っている家事・育児の総量が「10」割と想定してお答えください。全くやっていない場合、「０」を記入してください。（なお、配偶者には婚姻届を出していない内縁の方を含みます。以下同じ）

［　　］割程度　（例：あなたが７割、父親が３割の場合、「３」を記入しください）

(2) あなたの配偶者は、<u>炊事、洗濯と掃除</u>をこなす家事時間は、１日あたり何時間程度ですか。
全くやっていない場合、「０」と記入してください。

ア　平日の場合　［　｜　］時間　［　｜　］分　程度

イ　休日の場合　［　｜　］時間　［　｜　］分　程度

【全員の方におたずねします。】

(3) 次のア～イについて、**配偶者以外に**あなたを援助してくれる人がいますか。　**（○はいくつでも）**

	自分の親	配偶者の親	親以外の親族	知人・友人等	誰もいない
ア　子どもの世話・家事援助　→	1	2	3	4	5
イ　経済的援助　→	1	2	3	4	5

(4) 次のア～イについて、**<u>あなたまたは配偶者の親からの援助</u>**がどのくらいの頻度で行われていますか。
（○はそれぞれ１つずつ）

	週に３、４回以上	月に２回以上	月に１回程度	年に数回程度	年に１回程度	数年に１回程度	ほとんど受けていない	該当する親はいない
ア　子どもの世話・家事援助　→	1	2	3	4	5	6	7	8
イ　経済的援助　→	1	2	3	4	5	6	7	8

■就業や育児への公的支援についておたずねします。

問 34　あなたは次のア～キの支援制度を利用したことがありますか。それぞれについて、あてはまるもの１つに○をつけてください。**（○はそれぞれ１つずつ）**
また、カとキで１と２と答えられた方は「ＳＱ 利用時期」もお答えください。

		今利用している	過去に利用したことがある	利用経験はないが、今後利用したい	利用経験はなく、今後も利用するつもりはない	制度を知らない
ア　育児休業制度	→	1	2	3	4	5
イ　子の看護休暇制度	→	1	2	3	4	5
ウ　短時間勤務制度	→	1	2	3	4	5
エ　学童保育	→	1	2	3	4	5
オ　マザーズハローワーク	→	1	2	3	4	5
カ　自立支援教育訓練給付金事業	→	1	2	3	4	5
キ　高等職業訓練促進給付金事業	→	1	2	3	4	5

SQ（カ）　利用時期　　西暦 20（　　）年（　　）月～（　　）年（　　）月
SQ（キ）　利用時期　　西暦 20（　　）年（　　）月～（　　）年（　　）月

問 35 (1) あなたが育児と就業を行う上で、**国や自治体からの支援**で拡充すべきだと思うものは何ですか。あなたのお考えに最も近いものを**３つまで**お答えください。**（○は３つまで）**

1　児童手当の増額
2　年少扶養控除の復活
3　乳幼児医療費助成期間の延長　⇒（＿＿＿歳までに延長）
4　原則子どもが満１歳までとする育児休業の法定期間の延長　⇒（満＿＿＿歳までに延長）
5　年５日※注）とする子の看護休暇の法定期間の延長　⇒（年＿＿＿日までに延長）
6　保育所サービスの多様化（休日保育、延長保育等）
7　保育の質の向上（保育士の数を増やす、保育士の待遇改善等）
8　保育所の増設・受入児童数の増加
9　病時・病後児保育制度の充実
10　職業訓練を受ける際の金銭的援助
11　その他（具体的に　　　　　　　　　　　　　）
12　国や自治体からの支援は十分である
13　よくわからない

※注）子が２人以上の場合 10 日

(2) あなたが育児と就業を行う上で、**会社からの支援**で不十分だと思うものは何ですか。あなたのお考えに最も近いものを**３つまで**お答えください。**（○は３つまで）**

1　就業時間の配慮
2　保育料・ベビーシッター代の援助
3　復職へのサポート
4　事業所内の託児施設
5　その他の支援（具体的に　　　　　　　　　）
6　会社からの支援は十分である

■収入と支出についておたずねします。

問 36 **昨年のあなた自身および配偶者における就労収入**は、およそいくらですか。税金・社会保険料などを差し引かれる前の残業手当、ボーナス、臨時収入、副業収入を含む総収入でお答えください。（なお、配偶者には婚姻届を出していない内縁の方を含みます。以下同じ）

※自営の場合は、売上高などから必要経費を除いた金額をご記入ください。
収入なしの場合には、0をご記入ください。

【配偶者がいる方に】

(1)あなた 税込 ＿＿＿＿ 万円程度　**(2)配偶者の方** 税込 ＿＿＿＿ 万円程度

問 37(1)**あなたの世帯**（あなた自身及び生計をともにしている家族）の昨年１年間の**税込み**収入の総額は、いくらくらいですか。

税込み（年額） ＿＿＿＿ 万円程度 ←

※税金・社会保険料などを差し引かれる前の社会保障給付、贈与、財産収入等を含む総収入（除く遺産）

(2)上記(1)でご回答いただいた世帯収入から、税金（所得税、住民税、固定資産税）と社会保険料を引いた後の**手取り**収入（年額）は、いくらくらいですか。

手取り（年額） ＿＿＿＿ 万円程度

(3)上記(1)でご回答いただいた世帯収入は、どこから得たものですか。 **(○はいくつでも)**

※養育費をうけている場合には、その金額をご記入ください。児童扶養手当を受けていた場合には、「全部支給」かどうかについてお答えください。

(4)下記収入のうち、あなたの世帯にとって最も主要なものの番号に○をつけてください。

(○は１つ)

	(3)世帯の収入源 (○はいくつでも) ↓	(4)最も主要な収入源 (○は１つ) ↓
あなたの就業収入	1	1
配偶者の就業収入	2	2
その他の世帯員の就業収入	3	3
公的年金・恩給	4	4
失業給付	5	5
元夫（妻）からの養育費（月額＿＿＿＿＿円）	6	6
親からの援助	7	7
児童手当	8	8
児童扶養手当→(全部支給ですか。 1 はい 2 いいえ)	9	9
特別児童扶養手当	10	10
生活保護	11	11
財産収入（利子・配当・家賃収入など）	12	12
その他（具体的に　　　　　　）	13	13

(5)上記の収入源のうち、社会保障給付（太字の部分）の総額は、いくらぐらいですか。

年額 ＿＿＿＿ 万円程度

問 38(1)あなたの世帯（あなた自身および生計をともにしている家族）の**先月１カ月の**家計費は総額でどのくらいでしたか。

１カ月あたり [　　] 万円程度

※家計費には次のものを含みます。
食費、被服費、光熱・水道費、住居費（但し住宅購入費、住宅改修費、住宅ローンの返済を除く）、耐久消費財購入費、交通・通信費、保育料・教育費、教養娯楽・交際費、保健・医療費、保険料

(2)そのうち、子どものための支出は、何に使われていますか。　**(○はいくつでも)**
(3)子どものための支出の中で、最も大きな出費はどれですか。　**(○は１つ)**

	(2)子どものための支出 (○はいくつでも) ↓	(3)最も大きな支出 (○は１つ) ↓
食費	1	1
被服費	2	2
小中高等学校や大学の学費	3	3
保育料・幼稚園月謝	4	4
習い事・塾代	5	5
医療費	6	6
娯楽費	7	7
その他（具体的に　　　　　）	8	8

(4)子どものための支出の合計額はどのくらいですか。

１カ月あたり [　　] 万 [　] 千円程度（すべてのお子さんの合計値）

(5)そのうち、０～６歳のお子さんの保育費（保育料・幼稚園月謝を含む）は、どのぐらいですか。
複数のお子さんが保育園・幼稚園に通っている場合、一番下のお子さんについてお答えください。
※ご自分で保育し、お子さんが保育所や幼稚園に入園していない場合、０円と記入してください。

１カ月あたり [　　] 万 [　] 千円程度

問 39　あなたと配偶者は、雇用保険や公的年金に加入していますか。次のア～ウについてそれぞれ**１つだけ**○をつけてください。（○はそれぞれ１つずつ）

	(1) あなた ↓	〔配偶者がいる方に〕(2)**配偶者の方** ↓
ア　雇用保険	1　加入している 2　加入していない	1　加入している 2　加入していない
イ　公的年金	1　厚生年金・共済年金に加入 2　国民年金に加入（自営業等第１号） 3　国民年金に加入（専業主婦等第３号） 4　国民年金保険料未納・未加入	1　厚生年金・共済年金に加入 2　国民年金に加入（自営業等第１号） 3　国民年金に加入（専業主婦等第３号） 4　国民年金保険料未納・未加入
ウ　公的医療保険	1　共済組合、健康保険組合保険に加入 2　政府掌管健康組合保険（協会けんぽ）に加入 3　国民基本健康保険、高齢者医療保険に加入 4　医療保険料未納・未加入	1　共済組合、健康保険組合保険に加入 2　政府掌管健康組合保険（協会けんぽ）に加入 3　国民基本健康保険、高齢者医療保険に加入 4　医療保険料未納・未加入

■収支バランスと家計管理についておたずねします。

問 40 (1) あなたのご家庭では、貯蓄をしていますか。(**○は１つ**)

※住宅ローンの繰り上げ返済も貯蓄とみなします。

1　ほぼ毎月貯蓄している　　3　ほとんど貯蓄していない　　5　貯蓄を生活費に回している
2　ときどき貯蓄している　　4　全く貯蓄していない

(2) あなたのご家庭では、現在、月々の家計をどのように管理していますか。(**○は１つ**)

1　妻が管理　　4　予算を決めず、夫婦どちらとも管理しない
2　夫が管理　　5　その他（具体的に　　　　　　　　　）
3　夫婦ふたりで管理

■家族や生活についてのお考えをおたずねします。

問 41 (1) 家族や子どもに関する次のア～ウのような考え方について、あなたはどう思いますか。
それぞれにあてはまるもの１つに○をつけてください。(**○はそれぞれ１つずつ**)

		賛成	まあ賛成	やや反対	反対
ア　母親の就業は、未就学の子どもに良くない影響を与える	→	1	2	3	4
イ　夫は外で働き、妻は家庭を守るべきだ	→	1	2	3	4
ウ　女性（母親）は子どもを出産後も仕事を続けるべきだ	→	1	2	3	4

(2) あなたは、子を持つ母親の働き方として、どれが望ましいと思いますか。次のア～ケの子どもの年齢ごとに、望ましいと思うものに○をつけてください。
また、現在の実際の働き方と、最も近いのはどちらですか。
※女性の方はご自身について、男性の方はお子さんの母親についてお答えください。
(**○はそれぞれ１つずつ**)

子どもの年齢			フル勤務（残業可）	フル勤務（残業不可）	短時間勤務	在宅勤務（部分在宅を含む）	育児休業	子育てに専念
子どもの年齢別望ましい母親の働き方	ア １歳まで	→	1	2	3	4	5	6
	イ １歳半まで	→	1	2	3	4	5	6
	ウ ３歳まで	→	1	2	3	4	5	6
	エ 小学校就学前まで	→	1	2	3	4	5	6
	オ 小学校３年生まで	→	1	2	3	4	5	6
	カ 小学校卒業まで	→	1	2	3	4	5	6
	キ 中学校卒業まで	→	1	2	3	4	5	6
	ク 高校卒業まで	→	1	2	3	4	5	6
	ケ 短大・大学以上	→	1	2	3	4	5	6
母親の現在の働き方		→	1	2	3	4	5	6

(3) この１年を振り返って、あなたは幸せでしたか。「とても幸せ」を１０点、「とても不幸」を０点とすると、何点くらいになると思いますか。０から１０の数字を**１つだけ**選んでください。

0	1	2	3	4	5	6	7	8	9	10

とても不幸 ←――――――――――――→ とても幸せ

■あなたとご家族についておたずねします。

問 42(1) あなたのご家庭（生計をともにしている人々）は、**あなたも含めて**何人ですか。

|　|　|人

(2) 現在、一緒に住んでいる方は、次のどなたですか。（**○はいくつでも**）

(3) そのうち、**生計を別にしている同居者**はいらっしゃいますか。（**○はいくつでも**）

あなたからみた関係 ↓	(2) 一緒に住んでいる方（○はいくつでも）↓	(3) そのうち生計を別にしている方（○はいくつでも）↓
配偶者（法律婚）	1	1
配偶者（事実婚・内縁関係の相手）	2	2
未婚の子ども	3	3
既婚の子ども	4	4
孫	5	5
あなたの親	6	6
配偶者の親	7	7
きょうだい・親族	8	8
友人・知人	9	9
その他（具体的　　　　）	10	10
		11 別生計の同居者はいない

【配偶者のいる方におたずねします。】配偶者のいない方は次頁の問 43(1) へ

(4)-1　あなたの配偶者の方は、現在、収入をともなう仕事をしていますか。（**○は１つ**）

1　している　→ (4)-2 へ

2　していない（求職中）

3　していない（求職活動もしていない）

→ **問 43(1) へ**

(4)-2　配偶者の方は、現在のお仕事の形態は、次のどれにあたりますか。複数の仕事をお持ちの場合は、主な仕事１つだけについてお答えください。（**○は１つ**）

1	正社員・正規職員	6	自営業
2	嘱託・契約社員	7	自営業の手伝い
3	派遣社員	8	個人業務請負
4	パート・アルバイト	9	内職
5	日雇い	10	その他（具体的に　　　　）

(4)-3 配偶者の方のお仕事の性質はどのようなものですか。

（**○はいくつでも**）

1　対外的な折衝をする仕事（渉外、バイヤー、法人営業など）
2　顧客のもとに出向いて行う仕事（外回りの営業、顧客先での常駐、集金・集荷など）
3　他人の仕事を補助する仕事（秘書、助手、補佐など）
4　職業資格を必要とする仕事
5　会社の事業を立案する仕事
6　スタッフを管理する仕事
7　いずれもあてはまらない

(4)-4 配偶者の方の勤務先の従業員（パート・アルバイトなどを含む）は、会社全体で何人くらいですか。（派遣社員の方は、実際に働いていた会社の企業規模をお答えください。）**（○は１つ）**

1　1人	4　10～30人未満	7　300～500人未満	10　官公庁
2　2～5人未満	5　30～100人未満	8　500～1,000人未満	11　わからない
3　5～10人未満	6　100～300人未満	9　1,000人以上	

(4)-5 配偶者の方は、現在のお仕事の**1週間あたり**の平均就業時間は、何時間ですか。
残業時間を含めてお答えください。

1週間あたり［　｜　｜　］時間

(4)-6 配偶者の方の就業時間は、規則的ですか。**（○は１つ）**

1　規則的　　2　おおむね規則的　　3　おおむね不規則　　4　不規則

(4)-7 あなたが配偶者の方の転勤のために、転居をしたことがありますか。**（○は１つ）**

1　なし　　2　あり（国内転勤のみ）　　3　あり（海外転勤を含む）

【全員の方におたずねします。】

問43(1)現在の住居の種類は以下のどれにあたりますか。**（○は１つ）**

1　あなた、または配偶者の持ち家	5　民間賃貸住宅
2　親の持ち家	6　社宅・寮などの給与住宅
3　親以外の親族の持ち家	7　母子生活支援施設等の社会福祉施設
4　公営賃貸住宅	8　その他（具体的に　　　　）

(2)住宅ローンの返済はありますか。**（○は１つ）**

1　あり→　先月1カ月返済額　〔　　　〕万円　　2　なし

問44(1)現在、あなたのお母様は、あなたと一緒にお住まいですか。
(2)配偶者のいる方は、配偶者のお母様についてもお答えください。**（○はそれぞれ１つずつ）**

(1)**あなた自身の母親**↓	〔配偶者がいる方に〕(2)**配偶者の母親**↓
1　あなたと同居中	1　あなたと同居中
2　別居中（同じ敷地内）	2　別居中（同じ敷地内）
3　別居中（徒歩圏内）	3　別居中（徒歩圏内）
4　別居中（片道1時間未満の距離）	4　別居中（片道1時間未満の距離）
5　別居中（片道1時間以上の距離）	5　別居中（片道1時間以上の距離）
6　あてはまる母親はいない	6　あてはまる母親はいない

問 45　あなたと配偶者（現在配偶者がいない場合には元配偶者について）、そしてご両親が最後に卒業された学校はどちらですか。**（○はそれぞれ１つずつ）**

ア　あなた ↓	イ　配偶者 ↓	ウ　あなたの母親 ↓	エ　あなたの父親 ↓
1 中学校 2 高等学校 3 専修学校・各種学校 4 短大・高等専門学校 5 大学・大学院 6 その他	1 中学校 2 高等学校 3 専修学校・各種学校 4 短大・高等専門学校 5 大学・大学院 6 その他	1 中学校 2 高等学校 3 専修学校・各種学校 4 短大・高等専門学校 5 大学・大学院 6 その他	1 中学校 2 高等学校 3 専修学校・各種学校 4 短大・高等専門学校 5 大学・大学院 6 その他

問 46　あなたが次のア～ウの年齢だった頃、お母様は働いていらっしゃいましたか。
それぞれあてはまるものに**１つだけ**○をつけてください。**（○はそれぞれ１つずつ）**

	無職	パートタイム就業	フルタイム就業	わからない
ア　あなたが３歳だった頃　→	1	2	3	4
イ　あなたが６歳だった頃　→	1	2	3	4
ウ　あなたが１２歳だった頃　→	1	2	3	4

問 47(1) あなたは、今まで結婚した経験がありますか。**（○は１つ）**

1　あり ——→ **初めて結婚したのは、西暦〔　　　　　〕年〔　　　〕月**

2　なし ——→ **次ページの問 49 へお進みください**

(2) 結婚した経験がある場合には、初婚相手との現在の状況は次のどれにあてはまりますか。
（○は１つ）

1　現在も婚姻継続中 ——→ **次ページの問 50 へお進みください**
2　別居・離婚調停中
3　離別
4　死別 ——→ **離別・死別の時期はいつでしたか。**
西暦〔　　　　　　　〕年　〔　　　〕月

【離別・死別経験のある方におたずねします。】

問 48(1) あなたが離別・死別された時、その相手の方の税込年収はどのくらいありましたか。
複数回の離別・死別を経験されている場合は、直近の結婚相手の方についてお答えください。
（○は１つ）

1 収入なし	5 300 万円台	9 700 万円台
2 100 万円未満	6 400 万円台	10 800 万円以上
3 100 万円台	7 500 万円台	11 わからない
4 200 万円台	8 600 万円台	

(2) また、その後、あなたは再婚しましたか。再婚経験のある方は、直近の結婚の時期をお答えください。**（○は１つ）**

1　あり　→　直近の結婚は西暦〔　　　　　〕年から　　2　なし

【現在、法律上の結婚をしていない方におたずねします。】

（法律上の結婚をしている方は問50へお進みください。）

問49(1)今後の結婚の予定についてどのようにお考えですか。（**○は１つ**）

1　すでに結婚する予定の相手がいる
2　結婚しない予定のパートナーがいる
3　結婚の予定はない
4　その他（具体的に　　　　　　　　　　）

(2)結婚の予定がない最大の理由は何ですか。（**○は１つ**）

1　良い相手がいない
2　仕事が忙しい
3　経済力がない
4　子どものことを考えて
5　結婚したくない（独身主義者等）
6　その他（具体的に　　　　　　　　　　）

【全員の方におたずねします。】

■あなたの健康状態についておたずねします。

問50　現在の、あなたの健康状態にあてはまるものに１つだけ○をつけてください。（**○は１つ**）

1　よい　　2　まあまあよい　　3　普通　　4　あまりよくない　　5　よくない

問51　**最近の１週間**で、以下のようなことは何日くらいありましたか。次のア～コのそれぞれについて、あてはまるものに**１つだけ**○をつけてください。（**○はそれぞれ１つずつ**）

	ほとんどない	１～２日	３～４日	５日以上
ア　普段は何でもないことで悩む　→	1	2	3	4
イ　物事に集中できない　→	1	2	3	4
ウ　落ち込んでいる　→	1	2	3	4
エ　何をするのも面倒だ　→	1	2	3	4
オ　将来に対して希望を持てる　→	1	2	3	4
カ　怖いと感じる　→	1	2	3	4
キ　なかなか眠れない　→	1	2	3	4
ク　生活を楽しんでいる　→	1	2	3	4
ケ　寂しいと感じる　→	1	2	3	4
コ　何をするにも、なかなかやる気が起こらない　→	1	2	3	4

問52　あなたは、**過去３カ月の間**に、病気に関する次のような経験がありますか。

（**○はいくつでも**）

1　入院していた
2　持病で通院していた
3　風邪などの軽病で通院していた
4　あなたの病気が原因で仕事を休んでいた
5　風邪などの軽病を治すために市販薬を購入した
6　持病のために市販薬を購入した
7　病気だったのに通院も薬治療もしなかった
8　上記のいずれも経験していない

問 53　あなたが、過去1年間に受けた健康診断は下記のどれですか。

（○はいくつでも）

1　定期健康診断（除く人間ドック）	3　胃がん検診	5　その他のがん検診
2　人間ドック	4　乳がん・子宮がん検診	6　上記いずれも受けていない

問 54(1) あなたは成人する前に下記のような体験をしたことがありますか。

（○はいくつでも）

1　両親が離婚した	5　親から暴力を振るわれたことがある
2　親が生活保護を受けていた	6　親に育児放棄されたことがある
3　母親が亡くなった	7　自殺を考えたことがある
4　父親が亡くなった	8　上記いずれも経験したことがない

(2) あなたは成人後に生活や子育てをめぐって、下記のような体験をしたことがありますか。

（○はいくつでも）

1　（元）配偶者から暴力をふるわれたことがある	5　出産や育児でうつ病になった時期がある
2　やむをえず生活保護を受けたことがある	6　わが子を虐待しているのではないか、と思い悩んだことがある
3　子どもに行き過ぎた体罰を与えたことがある	7　自殺を考えたことがある
4　育児放棄になった時期がある	8　上記いずれも経験したことがない

問 55　あなたが今育児や仕事を続けていく上で困っていることや、行政、企業、社会に期待したい支援などを教えてください。

長時間にわたり、ご協力いただき、どうもありがとうございました。

この調査の結果は、まとまり次第、弊機構のホームページ（http://www.jil.go.jp）にて公表します。

JILPT　調査シリーズ　No.192
子どものいる世帯の生活状況および保護者の就業に関する調査 2018
（第５回子育て世帯全国調査）
定価（本体1,600円＋税）

発行年月日　2019 年 10 月 17 日
編集・発行　独立行政法人　労働政策研究・研修機構
〒177-8502　東京都練馬区上石神井 4-8-23
（照会先）　研究調整部研究調整課　TEL 03-5991-5104
（販　売）　研究調整部成果普及課　TEL 03-5903-6263
FAX 03-5903-6115
印刷・製本　有限会社　太平印刷

ISBN978-4-538-86195-1　Printed in Japan

*調査シリーズ全文はホームページで提供しております。（URL:https://www.jil.go.jp/）